中山庸子の夢を叶えた暮らしの手帖

中山庸子

小学館

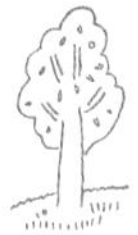

1章 マイ「夢叶え」ストーリー

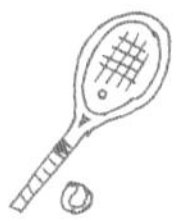

2章 今の私のルーティン

3章 モノ選びのルール

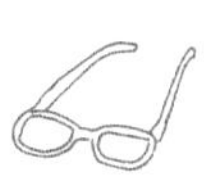

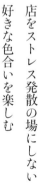

4章 自宅ルームツアー

5章 事務所ルームツアー

6章 私の宝物アルバム

おわりに

1章
マイ「夢叶え」ヒストリー

元気・生意気・正直

マイ・ヒストリーと銘打った以上、まずは自己紹介から始めようということで、自分の性格はどんなワードで表すと「腑に落ちるか」考えてみました。

そしたら、長考するまでもなく3つのワードが浮かび、それが「元気・生意気・正直」という何だか語呂のいいものでした。

1つ目の「元気」は、1日1回以上は人から「元気ねー」と言われる人生だったので、きっと元気なんでしょう。後で出てきますが、教員生活を15年ほど送ったせいで「お腹から大きな声を出す」習慣が身に付いたこと、丸顔ぽっちゃり系の見た目なのも元気さを醸し出す助けになっているかもしれません。

2つ目の「生意気」は、自己評価。ごく幼い頃に、母の郷里である群馬県吾妻郡中之条町の伯母たちに「ヨウコはオジューク」と言われ、当時は意味が分からなかったけれど、後々その界隈の方言で「早熟」とか「おませ」の意だったことが判明、自分でも納得。

身長も、小1からずっと「前から2番目」的なポジションで、3月生まれだっ

たこともあり、背伸びが習性になって、生意気な言動が多かったと思います。

加えて一人っ子だったから、上からつぶされることもなく、下にガマンする必要もなかった。誰にも邪魔されず本を読み耽《ふけ》り、妄想をいくらでもふくらませることができたため、生意気に磨きがかかる子ども時代を経て、もともと生意気と相性がいい思春期に突入し、以降も「何か自分、生意気なこと言いがち」な人生を送ってきました。

そして、3つ目が「正直」。空気が読めないわけではないけれど、嘘をつくと後々しんどいことを痛感し、かなり早い時点で「正直が結局ラク」と悟り、身に付いたキャラという感じです。


以上で私の自己紹介というか自己分析は「済」なんですが、この3つがあいまって「夢叶う」の布石にはなっているかも、と思う元「オジューク」な現「シニア」でございます。

このあとも基本、正直にヒストリーを綴ってみますが、途中生意気な表現があってもお広い心でお読みいただき、最終的には元気をお届けする所存ですので、どうぞよろしくお願いいいたします。

女子美・セツ

オジュークヨウコは、群馬県前橋市に生まれ高校卒業まで暮らしました。ほぼ、好きな雑誌や本で出来ていた女の子で、漠然と東京の大学に進みたいというのではなく、行きたいのは女子美とセツ、この2つだけでした。

女子美こと、女子美術大学には付属中学校と高校があり、さすがに義務教育で北関東から出ていくのは無理でも、高校進学を控えた頃の私は付属高校に入りたいという希望を持っていました。

末っ子だった母（6女）には、中之条の伯母たちの他に東京に出て成功している事業家の伯母がいて、女子美の近くに立派な家を構えていたので、ひょっとして間借りさせてもらえる？　という目論見もあったんですが、大正生まれの実直教師の父が発した「ならん」で撃沈。

また月刊少女漫画雑誌『りぼん』を卒業するや、一気にファッション雑誌『装苑』を定期購読するようになっていたオジュークヨウコは、『装苑』で連載を持っていた長沢節《ながさわせつ》先生の学校、セツ・モードセミナーにも入りたくなっていました。

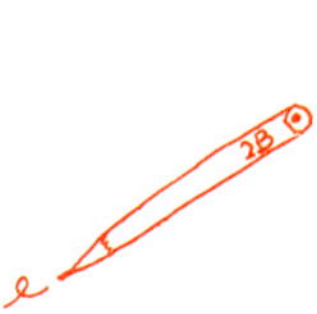

高校生での東京進出は断念し、生意気を封印したふりをして「夢を叶える」ため、爪を研ぐ日々（笑）。ちゃんと母の勧める塾にも通い、自分の部屋では着々とダブルスクール計画を立てていたのでした。

父からの条件は、東京に行くなら学生寮に入る、教員免許を取る、卒業したら群馬に戻る、以上。なんのことはない、その3つは父が通った道そのものでした。

私は女子美に入学した1年目こそ寮に入りましたが、相部屋で名前も同じヨウコちゃんと親しくなり、ふたりで寮脱出計画を練り、2年時にめでたく退寮。丸ノ内線・東高円寺近くの女子専用安アパートで、隣り合った部屋に住むことを双方の親に許可してもらうことができました。

これで、ダブルスクールが可能になった！　何せ寮の門限は半端なく厳しく、環七沿いの歩道を全力ダッシュする日々だったから、セツの夜間部に行くなんてムリ〜。そう、昼は女子美で授業を受け、安アパートに戻ってちょっとおしゃれして、丸ノ内線・四谷三丁目のセツまで週3通い、残りは環七か青梅街道沿いの店でバイトして（セツの方の）学費を稼ぐ、これが私の立てた計画でした。

私の「夢」の輪郭が、かなりはっきり見えてきたのです。

堅めの職業・斬新な結婚

やっぱりセツは最高でしたね。何せ、女子高、女子大育ちが大人の男性もいれば同世代の男の子もいて、セツ先生も交えて絵を描いたりコーヒー飲んだりできる場所に来られたんですから、これぞ夢のパラダイス。

とはいえ、4年の時は容赦なく過ぎ、浦島ヨウコは実直父との約束を守るべく、群馬の教員採用試験を受け高校教師になるため、竜宮城を後にすることに。

ただし、ちゃんと彼氏はゲットしてましたよ。ダブルスクール計画の中には、セツでの出会いも入っていて、そこは逃しませーん。まあ、この原稿を書いてる私の後ろをコーヒーカップ持って歩いていったその人、今は孫からは「じじ」、テニス仲間からは「たかちゃん」と呼ばれている「松本君」、長い付き合いになりました（しみじみ）。

父との約束について、生意気ヨウコは考えました。教師はいずれやめればいい。好きな相手とは、毎日一緒に暮らせなくても別れない。私は前橋の実家から水上温泉の手前にある沼田市の女子高「沼女」に通い、松本君は東京の出版社でデザ

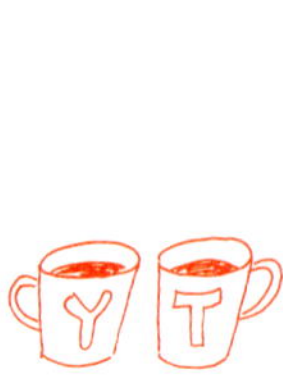

イナーとして働き、週末だけ前橋に来るという、当時ほぼ聞いたこともない「週末婚」という形を取ることになりました。

私の当初のプランでは、2年くらいで教師をやめよう、フフンくらいのつもりだったのですが、これがそんなに甘い職業じゃなかった。大人って厳しーい。

2年目に1年生の担任をすることになりました。もちろん、希望じゃなくて「配置」されたポジション。これがうまくいかず、本当に情けなくて悔しくて。この子たちを1年間だけ受け持って「ハイ、やめます」は生意気ヨウコ的にも到底納得できません。

ここから、本当に信じられないくらい本気で教師道を突き進むことになりました。信頼する学年主任や先輩方、本の中の賢人たちのアドバイスをチカラに変えて最初の受け持ちの子を無事卒業させた後、第1子の息子出産。

「沼女」に6年勤めて、前橋からだいぶ近い伊勢崎市の女子高「伊女」へ。ここで第2子の娘出産、9年勤めて退職、トータル15年の教師生活でした。

孫の面倒をみてくれた父母、お疲れー。東京と往復してくれた夫、もっとお疲れー。ここまで読んでくれた方、お疲れさまでございます。

お山の家・初出版

「旦那さん、普段は東京でひとり暮らし、週末は奥さんの実家じゃ気の毒じゃない」とよく言われました。そのうえ、私が一人っ子だったので、次男で弟もいたとはいえ、戸籍上の姓を「松本」から「中山」に変えてくれた奇特な人。

のびのび好きな絵を描いたり、妻子と心置きなく過ごせる週末をプレゼントしたいじゃないですか。まあ、本音を言えば私も土日くらい実家を離れたいし。

タイミングよく、父の退職も重なって「赤城山に山荘みたいなのを建てよう」という話になりました。

ウィークデイは父が庭仕事をしたり、母が友人を招いたり。そしてウィークエンドは「うちら」が使う、というプランに全員が大賛成。加えて「オジューク発言のひとり」だった伯母のところは材木店、息子（私の従兄）が建築設計をやっていたおかげで、リタイア世代の和室スペースとアート系ニューファミリーのアトリエの両方の夢をミックスした「お山の家」を建てることができました。

よかった、よかった！　何枚かの写真を章終わりの18ページで紹介しているのでそちらもご覧くださいね。

さて、この「お山の家」での暮らしのおかげで、私は1冊目の自著『カントリーの風をあなたに』（じゃこめてぃ出版）を出し、雑誌などの取材も受けるようになったのですから、本当に「夢を叶える家」そのものでした。

とはいえ、人って何か叶うとまた新たな夢が生まれるんですね。

それは、表現する本当のプロになりたい！　ということでした。

1冊目の本を出した時、私はまだ「伊女」の美術教師でした。春休みや夏休みを利用してイラストを描き、文を綴りました。しんどいことも多かったけれど、出来上がった自分の本を手にした時は、嬉しすぎて舞い上がりました。生徒に絵を教えるのもいいけれど、やっぱりこれだな、フフン。

でも前橋で一番大きい書店に行っても、私の本は置いていなかった……。地方の書店に置けるほどの部数ではなかったことを当時の私は知らなかったんです。

最初の出版で、著者によって初版部数が全く違うとか、重版がかかるとか、平積みになる本と梱包も解かれないまま返品されちゃう本がある、なんてことを初めて知った生意気ヨウコ、さあこれからどうする？

中古物件が好き1

生意気ヨウコ、いよいよ退職して東京に打って出る覚悟を決めた頃、すでにフリーのイラストレーターになっていた夫も、さすがに週末移動はきつく「東京移住」が現実問題になっていました。

ある日、リリリーンと電話のベル音が。「明日ハンコ持って、こっち来れる？いい家、借りられそうなんだ」と夫。翌日、実印から三文判まで持って出かけた先は、コンクリート打ちっぱなしの外観がおしゃれな3階建て。1階には年配女性が住んでおり、息子家族の転勤（ハワイ）で空いた2・3階部分に住む家族を探していたのでした。

貸主と借主（夫）が九州出身で意気投合し、即決、夫だけすぐに住む形にして、4月には小5になる娘と私は春休みに引っ越し。中3になる息子は実家に1年残りました。当時の父母の気持ちを考えると、孫息子だけでもしばらくそのまま一緒に暮らせて良かったかなぁ……と。

「大変な時は親に子どもの世話させて、楽になったら東京行くんだ」的なことも

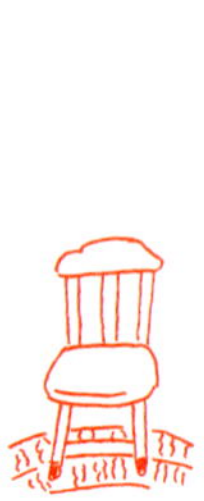

複数人から言われたけれど、うーん、そんなに単純じゃないです。まず、きょうだいがいたら、私は卒業後に群馬に帰らなかったと思うし。という「タラレバ」はやめて、新生活がスタートしたものの、大変な事実に気づいたお話へ。

要は、半端なく家賃が高かったんです。夫の仕事は順調だったけれど、私はまだほぼ無収入、すぐに「次の住まい」を探すハメになりました。で話し合いに話し合いを重ねた結果、賃貸より手頃な中古物件を買おう、と。

あちこちの物件を見るのが土日の日課になってだいぶ経った頃、ごく近所に「売り家」の貼り紙発見！　先方は諸々の事情で早く売却したかったらしく、思いの他よい条件で交渉が成立し、リフォームして住み始めたのが、3章でルームツアーをしていただく自宅なんです。

新築はもちろん魅力的だけれど、思っていた以上に中古物件をリフォームするのは楽しいものでした。長年かけて素敵なインテリアのスクラップを作っていたので、業者に意図を説明しやすく、スペースも予算もコンパクトながら、イメージに近い家づくりができました。

こだわった部分について、後ほどお話しできるのが今から楽しみ！

中古物件が好き2

まだ賃貸に住んでいた頃、書き始めた『「夢ノート」のつくりかた』（大和出版）のおかげで、何とかプロのエッセイスト&イラストレーターとして認知され始めた生意気ヨウコでした。本当は、イラストの方をメインにするつもりで上京したのに、気づいたら文9：絵1くらいの仕事の割合になっていました。

まあ、先輩イラストレーターの松本孝志もいることだし、分業、分業。

イラストの画料は一定だけれど、エッセイは原稿料の他、印税が発生する場合もあるし、書き下ろしが文庫になったり、雑誌の連載が単行本になったりと、ラッキー要素もある業種。その分、期待外れに終わるとダメージも大きいですが、安定した公務員の座を捨ててまでやってきた生意気な私には、このシステムは合っていたかもしれません。

そんななか『今日からできる なりたい自分になる100の方法』（幻冬舎）が、今どきの言い方をすればバズってくれたんです。ヨウコ、有頂天！

その時またもや見つけちゃった中古物件が、5章に登場する事務所です。

自宅から数分の、これも今どきの言い方ならヴィンテージマンションで、室内の残したい部分と直したい部分が私に「おいで、おいで」と言っているようで、もう諦めるなんて無理！

夫も、私の目の色を見て悟ったらしく「ここを仕事場にして、新たな気持ちで頑張ろう」と言ってくれました。


近いけれど、プライベートと仕事が別になった後の10数年は、まあ人生で一番働いたかな。単行本の発刊が月1以上の時もあり「月刊ナカヤマ」と言われたこともありました。

スズメのチュンチュンと共に自宅に戻り、娘のお弁当を作ったあと仮眠、また事務所へ戻り、カラスのカーカーで帰宅して夕食作り、家族が寝てから事務所へ行く……もう、こう書いてるだけでクラクラしてくるシニアでございます。

でも、あそこまで働けたのは、本当に今の仕事が好きだからだし、掃除片付けも自宅、事務所ともども本当に好きだから苦にならずにやれているのかも。

以上、好きと夢を諦めなかった気がする「元気・生意気・正直」ヒストリー、綴らせていただき深謝でございます（ペコリ）。

1「お山の家」の外観　2 牛のオブジェを３階窓に　3 アトリエ部分の全景
4 キッチンの棚はDIY　5 ロマンチックスタジオと名付けた小部屋

2章 今の私のルーティン

今の着地点・ニュー実家

1章からのマイ・ヒストリー、何とか続行中なのはまことにありがたいです。実は、私のプランでは60代は仕事をセーブして「趣味三昧だぁ、フフン」のわけだったのに、東京に連れてきた母の介護にコロナ禍がまるかぶり、母が亡くなった後は、自分の病気に夫の不調という展開で「オーマイガッ、試練三昧だぁ」でした。

でも、トンネルはいつか抜ける。そして、ふーう、抜けたんですよ、だから今こうやって文を綴れることが、以前にも増して嬉しい。

さて、子どもたちとも話し合い、群馬の実家は売却し、お山の家は残すことにしました。実際には人が住まなくなって久しい実家は「負動産」と化しており、後始末や売却もなかなか大変でしたが、このトンネルも抜け、今では「中古物件1」の私たちの自宅が、子どもや孫たちにとっては新しい「実家」になりました。「中古物件2」は「みんなの事務所」という感じですかね。大阪在住の息子も東京出張の際には活用するし、娘夫婦の仕事はもちろん、作業机は自宅にある私も、ちゃんとした打ち合わせなどには「そっち」を使用、役立っています。

さてと、これで（やや早足の）マイ・ヒストリーが済んだので、今のマイ・ルーティンをご紹介する2章ですが、昔に比べたらめっちゃシンプル。次のページで典型的なタイムテーブルを披露しますけど「えっ、こんなん？」と思われるかもしれませんが、ホント「こんなん」です。

旅行や外食もごく稀《まれ》だし、何かの団体に所属するのも、講演会など大勢の前で話すのもやめました。派手なイベントやサプライズも、もう胸やけするだけだから、卒業です。

「オジューク」時代から、ひとり家遊び好きなので「シニアになったからおとなしく家にいる」というわけじゃなく、通常運転ということです（実際、家にいても全然おとなしくないし）。

そういうわけで、ルーティンの章も気軽にお付き合いください。

ある月曜日

5：40	起床
6：00	散歩へ（スーパーに寄る）
6：50	シャワー
7：30	朝食
8：00	のんびりタイム
10：00	洗濯（干すのは夫）
12：00	昼食
13：00	デスクワーク
15：00	ティータイム
17：00	仕事終了
18：00	夕食
19：00	各々の部屋へ
23：00	就寝

起床に関しては、たいていは1回2時とかに目が覚める「シニアあるある」。さすがにこの時間帯だったら、もう1回寝。ただし目覚めたら、4時半から5時だった場合、これはもうちゃんと朝なので「おはよう」でございます。

同世代の夫婦の良いところは、「シニアあるある」が似ているところ。固有名詞が出てこないとかテレビの音量が大きくなりがちとかもそうだけれど、朝には強い！も共通なので、早朝散歩はかなり重要なルーティンとなっております。

携帯機能はほぼ使いこなせない世代だけれど、歩数計アプリくらいは入れられたので1日の目標を6000歩と決め、朝のうちに「貯金」。まあ、ここで5000歩ほど稼いじゃえば、午後は家にいても余裕、余裕。

散歩中は、木々を眺めて季節の移ろいを感じたり、散歩で知り合ったご近所シニアたち（犬のローラも含む）との軽めのコミュニケーションを楽しんだり。「歩数足りない？」という時は、24時間営業のスーパーに立ち寄ったりもします。

ある木曜日

6：00	起床
7：15	朝食
8：00	洗濯、掃除（掃除機は夫）
9：00	デスクワーク
11：30	仕事終了
12：00	昼食
13：00	テニス準備
14：00	コートへ
17：00	クラブのお風呂へ
18：00	ビールからの蕎麦屋
20：00	帰宅
22：30	就寝

朝は和食メインですが、ホテル風にしたい時はプレートに。今回、再現したものは、かなり気合いが入った日なのは言うまでもありません。

昼食後は仕事の日や孫のお相手をする日などがあります。月、火あたりは何となく仕事寄りかな。原稿以外にも手紙を書いたり書き抜きや資料の整理など、デスクワークをして、週の始まり感（笑）を出します。

木曜だけは、ちょっとテキパキ。テニスに行く日だからです。テニス用ソックスで2倍速で掃除を済ませ、日焼け止めクリームもいつもの2倍です。

クラブ内のお風呂で汗を流し、各自持ち寄った缶ビールをグビッ。この瞬間のために2倍速で頑張った次第です。

補足すれば、翌日の午後あたりに、テニスの疲れが出るので「金曜はメンテナンスデイ」、別名「ダラダラしててオッケーデイ」。これで何とか無事に週末につなげます。

ご飯が大好きだから、基本は和食。どのタイミングでご飯を炊くか？　は、生活の中でかなり重要な案件となっております。朝に炊いた時は、このような丼とか、今風に言えばＴＫＧ（卵かけご飯）プラス焼き海苔など。ご飯が夜の残りの場合は、雑炊系多しです。血圧を心配しつつ漬物好きなので少量を彩りよく。

ヘルシーねばねば丼

ご飯
とろろ
納豆
めかぶ
香の物
麦茶

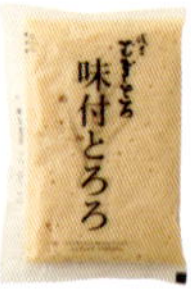

「浅草むぎとろ」製の味付とろろ。冷凍で届きます。味はもちろん1パックがちょうどいい分量。

洋朝食はこんな感じ

ホテルの朝食に憧れているシニアにとって、大きめの平皿さえあれば、それなりに演出できるのは嬉しいです。マリネやピクルスは作り置きして、ハムやソーセージ、卵などを焼くだけで、ワンプレートもかなりいい感じに。基本、朝食時にテレビはつけず、タブレットでボサノヴァやジャズを流しています。

ワンプレートホテル風

パン
きのこマリネ
ミニトマト
フリルレタス
目玉焼き
ハーブソーセージ
りんごジャム
牛乳

実際には、昼食にパスタを茹でるのはちょっとハードルが高いんですが、明太子があると、その誘惑に勝てず、作っちゃいます。夏は圧倒的に素麺で、朝が和食だったらサンドウィッチをつまむ、的な日も多いかな。シニアの昼食時の話題は「夕食ナニする？」。夢はないけど平和なのが何よりです。

シンプル明太子パスタ

パスタ
明太子
オリーブオイル
塩こしょう
きざみ海苔
シャインマスカット
ミネラルウォーター

ある日のお弁当

メッチャ締め切りに追われていた頃は、娘のお弁当のついでに自分たちのお弁当も作ったものでした。今は逆に、余裕がある時に「お楽しみ」として作ります。崎陽軒のシウマイ弁当は大好きだけれど、量が多いのでミニサイズのを作ってみました。夫は、やっぱり本家の方が好み。筍とアンズは必須らしいです。

ミニシウマイ弁当

シウマイ
卵焼き
銀ダラ西京焼き
赤カブ漬物
スナップエンドウ
梅干しごま塩ご飯
ミカン
ほうじ茶

横浜名物崎陽軒のポケットシウマイ（6個入り）。

ここだけの話ですが、朝はたいてい絶好調で「元気」をやれる私ですが、午後の2時過ぎくらいになるとブルー気分がやってくる。これが今の現実なんですが、要は「疲れてくるのよね」と分かったので、できるだけティータイムを設け、その日の後半も幸せな気分で過ごせるようにしています。

そんなわけでご紹介したのはヘレンドのティーセット、私が持っている唯一のブランド品だから、ずっと飾ってました。でも、もう使っていいんじゃない？　シノワズリーテイストの

ティータイムがある日は嬉しい日

せいか、洋菓子も和菓子も合うから、頂き物がどら焼きでもフィナンシェでも嬉しい！
ちょうど娘のところに六花亭のセットが届いたとのことで、本日のティータイムは3人で。シニアだけの時より話題も若やいで、嬉しさ3倍のひとときになりました。私が必ず真っ先に選ぶのは、マルセイバターサンド！　パッケージもヘレンドの柄と合っていると思いませんか？

北海道産の生乳とホワイトチョコレートを合わせたクリームに、レーズンの酸味がピッタリです。

ひとり夜ご飯

かつては夜の飲み会に出かけることが多かった夫も、ほぼ家ご飯の日々に。もちろん、夫婦での夕食は楽しいけれど、たまーにのひとりの時は気ままに食べたいものを食べます。ちょっと胃がお疲れ気味の日は、無印良品のミニ土鍋で湯どうふを。信号機みたいにカラフルで楽しい薬味と共に、いただきます！

ひとり湯どうふ

とうふ
出汁入りポン酢
もみじおろし
きざみしょうが
九条ネギ
鶏飯おにぎり

湯どうふといえば京都は南禅寺豆腐屋の京豆腐、服部です。

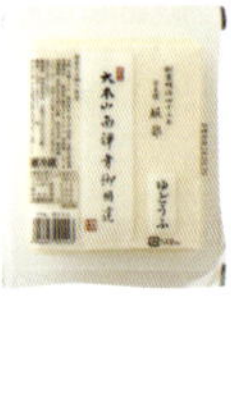

今晩は雰囲気を盛り上げたいという時に登場する、母から譲り受けた松花堂弁当セット。量は少なくていいけれど、色々つまみたい「ビールの宵」にはピッタリ。煮物、和え物、焼き物は作るものの、揚げ物だけは勝手に卒業宣言した私、まい泉のカツやコロッケを重用しております。ごちそうさまでした！

松花堂とビールの宵

ミニステーキ
あん肝
オクラ
里芋コロッケ
千切りキャベツ
厚揚げとシメジの煮物
飾りニンジン
ミニうどん
ビール

おしゃれのこと

朝迷わない組み合わせ

食に関する意欲に比べると、かなり消極的なのが服のチョイスです。きついの、痒いの、重いの、頼りないの、すべてNG。その上、寒暖差にも対応能力がなくなり、オシャレの前に快適さ、安心感が満たされないとね。ということで、パジャマを脱いだ後、これなら行けそう！な組み合わせを考えたら、こんなイラストになりました。中のトップスで変化がつけられる、ロングベストにゆったりパンツの組み合わせ、最強。靴ももうヒールのあるのは履かず、スリッポンやスニーカーなどがメインです。

衣替えは基本しません

暑すぎる夏で半年、それ以外で残り3つの季節を分ける感じの令和の日本。憂慮すべき気候の変化については、また別の機会にお話しすることにして、最近の私は、衣替えというのをやめました、というお話をします。

コットンのワンピース、同じくらいの丈の羽織りもの、レギンスやスパッツという組み合わせなら、ワンピ以外の素材を変えれば通年活用できるコーディネート。回転式のハンガーラックの前の方にあるのが、今の季節のもので、季節によってクルクル入れ替わるだけ、ラクでーす。

出かける気になる服　パンツ編

以前より、オシャレして出かける機会は減ったけれど、外出する時は、それなりに堂々としていたい場合は、1か所迫力を出す！が決め技かも。イラストの例だと、そう、ヒョウ柄のバッグです。あとは無地に抑えて、トゥーマッチにならないようご用心……でも、せっかく同素材のコサージュあるからつけちゃおうかな？と迷った場合は、とりあえずつけましょう。ショーウィンドウに映る姿を見て、余分だと思ったらはずす。オシャレの試行錯誤は、脳の活性化に役立ち、背筋も伸びるはずです。

出かける気になる服
スカート編

一年のほぼ10か月は、パンツ姿で過ごしていますが、時々スカートで外出したくなることがあります。もう短め丈やタイトなものは買うつもりもないけれど、好みの花柄のロング丈とかだったら、欲しいなぁ……。スカートに色が多かった場合、上は「その色たちのどれか」にすればいいので意外にラクかも。あとは、下半身スースー問題の解決かな。夏場は、ソックスにスニーカーで大丈夫だし、冬場はきつくないタイツにショートブーツで何とかなりそう。エレガントすぎなくて素敵ですね！

身体を動かすモチベーション

テニスの日以外は、ソファに寝転がって、中国の時代ドラマ観たり、ミステリー読んだりしがちな私です。食の意欲は旺盛だから、摂取カロリーに対して、消費カロリー少なくない?問題が出てくるのは、当然のことかも。

そこで、形から入っちゃう。運動の予定がなくても、ストレッチ素材のスポーツウエアに着替えてみる。すると、スイッチが入って、前屈とかスクワットとか自然にしたくなるから不思議です。気づくと玄関でスポーツシューズ履いてたり! ミニジョギングにでも出かけちゃう?

ホテルみたいなマーク作りました

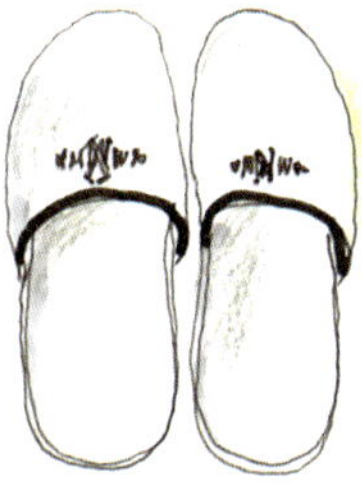

イラスト最後のページは「これからしたいこと」のご紹介です。「中古物件2」は、みんなの事務所というお話をしましたが、松本・中山・渡部の苗字を持つ家族なので、その頭文字MNWを使ったマークを作り、タオルやピローケースに刺繍したいと思ったのが数年前のことでした。

ホテルライクインテリアというお店でオーダーしました（後でちょっと写真も出てきます）。で、気に入ったこのマークをバスローブやスリッパにも、自分で刺繍したいなと。

今度の夏までに叶えたい夢なんです。

Column1

母の着物をどうするか問題

前橋の実家を片付けた際、最もずっしりと重たかったモノが、母の着物でした。まず心が、そして着物びっしりの茶箱が……。

その着物、全盛期は軽く100枚を超えていました。全部母が購入したわけではなく、オジューク発言の伯母も三味線をやっていて、子どもは息子２人だから「末の妹のアンタにあげる」みたいな流れもあったようです。

私が東京に移り住んでからは、帰省するたびに着物が増えていて、途中から怖くなった。特に伯母のモノは高価だったらしく「いずれはヨウコが着てくれるからもらっておいた」みたいな大島紬、値段聞いてビックリ！

「そんなの聞いてないよー」「何で喜ばないかねー」といった噛み合わない会話の挙げ句「着付けも教えるから、着なっ」。群馬の喋り方は、語尾が強い上に母の圧もすごし。

で、特に母の推しの着物は、狭い東京の我が家に（まず先陣として）やってきて、上の写真のような状況です。これだけでも場所を取るのに、あと何枚あるの？

さすがに、80歳近くで足腰が衰えて「こんなにはいらない」となり、お茶関係の年下の知人にプレゼント。だいぶ数を減らしてくれたのですが「やっぱり紬はヨウコ、ショウコに」らしい。

いやー、孫娘まで巻き込むんかい。このコラム、64ページに続く。

3章
モノ選びのルール

ルールは、自分で作って自分で楽しむ

ルールといえば、思い返すと生意気高校生だった私は「かなりのルール違反者」でしたね。制服も改造してたし、遅刻もひんぱん、教師にも反抗的でした。

入学前にデパートの「制服お仕立てコーナー」で作ってもらったダブルのジャケットのダサいこと！　もう絶望的に似合わず、ドレメ（ドレスメーカー学院）出身でかつては父の背広まで縫っていた母に懇願し、丈の短いジャケットとヒップハンガーの短めスカートを作ってもらいました。

生地の質も色も私好みだったから、普段は「それ」を着て、さすがに違いが目立ちやすい式典の時だけ「あっち」を着てました。イヤな生徒です！

そのツケが回ったのか、自分が高校教師になった時には、生徒たちの逆襲も受けたので、人生トントンということで話を進めましょう。

さてルールといえば、こんな名言が。

「人間は、自分でルールをつくって自分でたのしんでいる動物である」

田辺聖子著『舞え舞え蝸牛』より

そうなんです！　人が作ったルールはキライでも、自分でルールを作って実践することには喜びや楽しさを感じる。おせいさんに一票！

この3章では、モノ選びに関して私が作った（というか、長年の間に培われた）8つのルールをご紹介したいと思います。

時折無性にマイ・ルールとか披露したくなっちゃう……これもまた人間の特性なのかもしれません。

ということで、8つのルールはあくまで私が勝手に決めているだけだから、全然守らなくて大丈夫です。

「へーっ、こんなふうに考える人もいるんだ」と思ってもらえれば、それで十分だし「へーっ、こんなふうに考える人もいるんだ、面白ーい」と感じていただけたら、これ以上の喜びはありません。

面白がってくれる人が、多いといいな！

ルール1

じかに見てサシで買う

まず、お店に足と目を運んで買う。

これをルールの1番目にしたいと思います。

「こんなにネットや通販が普及している時代なのに、時間もったいなくない？」というご意見は重々承知の上で、私個人の買い物は「じかに見てサシ」。

一応、家族のみの有限会社になっているから、定番が決まっている紙や画材、水、洗剤などはオフィス用品として宅配してもらっているし、銘柄が決まっているお米、根菜類、いつもリピートするおいしい冷凍食品などは、生協利用。さすがに、重たい系の消耗品はこの2つで助かってます。

一方、衣類、本類、小物類、食器類、家具などは、必ず実物を見て買う派。

衣類は、試着しないとサイズも肌触りも分からないので、体調を整えてかなり真面目な気持ちでお店に向かいます。幸い、近所にお値段も適正で、私の好みに合う服がそろっているショップというより、昔ながらの小さなブテイックがあり、そこで7割くらい購入。といっても、シーズン初めに1回行くだけで、次は3か月後くらいかな。

本も、資料で現在は絶版のものなどをネット検索して購入することはあるけれど、それ以外は気に入ったカバーや気になるタイトル、ごひいきの作家のものはまず手に取って、1ページ目を開いて「持ち帰るかどうか」判断します。本は重いので「今日は4冊まで」などと決めていくから、マジ真剣です。

本屋さんが減少の一途をたどっているのは、本当に悲しいです。大好きな場所だから旅先で小さな本屋さんを見つけたら、絶対に入って必ず買う。応援なんておこがましいけれど、一日でも長く続けてもらいたい、と願います。

小物や食器、家具もたいてい「基本調査」はするものの、じかに見ないで決定することはほとんどないです。そして、サシ。サシ飲みなどもそうですが、一対一で「差し向かい」がもとの意味みたい。「これを家に連れて帰り、長く付き合えるか」とサシでモノと向き合うのが、私の楽しみであり流儀なんです。

ルール2

店をストレス発散の場にしない

ここ数年、中国ドラマは時代物、韓国ドラマは現代物メインで楽しんでいるのですが、韓国マダムやお嬢様の「ワガママな買い物風景」は、見ていてホントに面白いです。もちろんドラマだから過剰なんですけど、ストレス発散の場にして店員さんに威張りちらして大量買いする描写は、かなりのものです。

日本の高度成長やバブルを知っているシニアなので、その頃の私たちも「そんな感じ」だったのかなぁ……と思わなくはないですが、今のマイ・ルールとして、店をストレス発散の場にしない！は、かなり上位に入ります。

基本、買う予定のモノがないと買い物に出かけない派。店員さんに「その商品のプロ」としてリスペクトして話しかけることはあるけれど、自分の目で選びたい気持ちが強いから「これ、ひとりでじっくり見たいのでよろしくね」ニッコリ作戦を繰り出したりしています。

正直なことを言えば、かつては「憂さ晴らし」的な目的で、お店のドアを開けて、ワガママな客だったことがあったかもしれない。

ただ、そういう雰囲気の中で「買っちゃったモノ」は、家に持ち帰ったら何か「負のオーラ」が出ていて「失敗したな」と呟きがちでした。気づくと部屋に「憂さ晴らしグッズ」が繁殖していて「捨てなくちゃ、でもほとんど使ってないし、まったくもう」という新たなストレスを生むこともあった気がします。


だからどうしてもムシャクシャを「買い物」で晴らしたい場合は、いつもより豪華な「消えモノ」を購入することにしました。例えば、普段のようにお買い得コーナーの中から選ぶ花じゃなく、ガラスケースに入っている方の薔薇を数本、以前もらって凄くおいしかったけれど「えっ、こんなにするんだ！」と驚いたハチミツやオリーブオイルなどなど。

そんな経験も踏まえて、今はたいてい「良き客」をやれている気がするし、「相性のいい」モノと出会えるようになってきています。

ルール3 好きな色合いを楽しむ

元美術教師で、こぢんまりイラストレーターもやっている関係か「美的センスって、どうやって身に付けるんですか?」と聞かれることがあります。

最近になってこの答えは、身に付けるとか学習するというよりは「自分の好き」に気づくことなのかな、と思うようになりました。

「美しさには正解がない」とも言えるし、もしかすると「正解だらけ」という方が合っているのかも。

特に「色」は、本当に面白いし楽しい。

一色でも様々な気分にさせてくれるのに、何色かを組み合わせるとなったら「一日中遊べます」くらいに豊かな世界です。

派手も地味も、ビビッドもシックも、好きなように選んでいいんです。

私個人のオシャレに関する色の好みをお話しすると、モノクロがメインだった時代を経て、そこに「元気」になれる色を加える時期が来た、という感じ。

具体的には、モノクロの中の白をベースにして、赤や青を差し色にする。

気づいたら、フランス国旗と同じトリコロールでした。

次ページにドンと載せたセーターは、まさにそんな今の私が好きな色合いの完成形だったので、即買いしたものです。

もちろん、自分の目で見て試着してチクチクしないし、このセーターに手持ちのデニムの幅広パンツや白のスカートを組み合わせることを想像したら、ワクワクが止まらなかったから、70代でも行ける！

ちょうど赤のフレームのメガネをかけていたのも、何かのご縁でしょう。

普段、絵を描いている私でも思いつかなかった新鮮な配色。


多分、40代の時なら「派手かしら」と選ばなかったセーター。

年を重ねて「どういう役割の自分を演じるか」みたいな縛りから解放されて、本当に好きな色合いのモノを選べるようになりました。

年をとるのも悪くないです！

表参道のマリメッコで出会ったセーター。ボーダーが何とも斬新！　背中部分は左袖と同じ水色と白のボーダーです。

ご縁が
ありました

ルール4 理にかなった素材を

必ずしも、オーガニックや天然素材のみにこだわる方ではないけれど、やはり無駄にプラごみは増やしたくないし、安いかもしれないけれど素材的に？マークなモノは選びたくないです。

だから「実物をじかに見る」のルールが必要になってくるんです。

見ただけで「これはない！」と分かる素材もあれば、表示を読んだら「えっ！」となって棚に戻すものもある。

かなり昔、通販であまりにかわいいカラフルな食器セットを見つけ、ついつい買ってしまったら、食器なのにプラスチック特有の気になる匂いがして、最初は怒り、次に後悔、結局すべて捨てて自己嫌悪になりました。

けっこうこれはトラウマで、強烈な教訓になった気がします。

「商品のプロ」であるお店の人に尋ねる場合、この素材に関する質問が多いです。しっかりしたポリシーで作られたモノは、安くない場合もありますが、理にかなっていれば「適正値段」と納得して購入します。

身の回りに置くのは、信頼できるモノ。

特に、作り手の志が見えるモノは、暮らしを豊かにしてくれると思います。

もう随分前に、新聞の連載で「〇〇のできるまで」というコーナーを受け持っていたことがあるのですが、おろし金に束子《たわし》、手ぬぐいや石鹸などを作る工場や工房を訪ねて、モノ作りに心血を注いでいる人たちと話し、とても勉強になりました。

そうそう、地球儀や扇子、金太郎飴、江戸風鈴も楽しかったなぁ。

どの職人さんも素材や製法へのこだわり、仕事への誇りなどがよく分かったのと同時に、共通して「後継者問題」に悩んでいる様子には心が痛みました。

おじさんやおじいさんたち、どうしているかなぁ……。

息子さんや娘さん、お弟子さんたちが跡を継いでくれていることを、今さらながら願うばかりです。

ルール5

値引き悪魔の囁きに動じない

まず、自分に問う。

好きなモノがたまたま値引きになってたの？　それとも値引きになっていたから魅力を感じちゃった？

前者なら、本当にラッキーだから心からおめでとう！

でも、問題は後者です。もし、定価だったら買った？

まあ、愛用しているティッシュペーパーとかテニスボール（これ、意外に高いんです）など消耗品なら好きとか以前に「必要だから」買うけれど、問題は嗜好品よね。特に元の値段がけっこう高い場合。

例えば10万円のネックレスがあったとします。それが、50％オフになっていた。さあ、どうする。

以前からずーっと好きで、眺めてはため息をつく前者のパターンだったら、これは「天の恵み」くらいラッキーだから、しばらくは他のモノを買わないことにして買う。

問題は、〝そこまでじゃないけれど5万円も安くなってるなら、買いじゃない？〟が天使のアドバイスか、悪魔の囁きか……。


はっきり言って、これはまちがいなく悪魔の囁きです。

5万円も得するのではなく、予定外の5万円を支出させられる、と考えるべき。そして、もっと言えばこれが1000円のマグカップが50％オフだった場合だって一緒。ミニ悪魔の囁きでワンコインの浪費になり、そして多分そのカップは使わない。もっと好きなカップを既に持っているからです。

試しに「捨て活」してみれば、どのくらい悪魔の囁きグッズが（憂さ晴らしグッズと肩を並べて）多いかが、はっきり分かります。

なーんて書きつつ「この50％オフのスカーフ、好きかも。あっ、またミニ悪魔にやられるところだった」を、つい最近も経験したばかり。用心、用心。

ルール6

ある種のストーリーは尊重する

後半の6章で紹介する「私の宝物」は、この8つのルールをクリアして今も私の傍にいてくれるモノたちなんですが、共通点は「どういういきさつで出会ったか」を克明に覚えていることなんです。

まあ、カッコよく言えば「ある種のストーリー性」とでも言いましょうか。旅土産にしても、その時の街の空気や店の佇《たたず》まいまで一緒につれて帰れるモノが多い気がします。もちろん「何でこんなの買った?」という不思議というか、今や理解不能のシロモノもあるにしても、それも含めてのストーリー性。

自分で赴いて買ったモノはそちらで見ていただくので、次の見開きページでは、夫からベルギー旅行のお土産としてプレゼントされたデルヴォーのバッグ2点を紹介します。

もともと、プレゼントで妻のご機嫌をとったりするタイプではない「松本君」なんですが、この時はかなりの大盤振る舞いで、一緒に旅行していた装丁家の多田進氏から「どうしたんだい、何か中山さんに悪いことでもした?」と聞かれたようです。

その頃の私は、仕事と家事で手一杯で、とても旅行に出かける余裕がなかったので、本当はすごく同行したいという気持ちを隠しきれず夫を見送ったから、それが道中、気になっていたみたいです。

ブランド品には全く興味のない夫ですが、ベルギー王室御用達のバッグたち、本当にナイスチョイスで、ずーっと大切に使っています。


あの時、ベルギー旅行を逃したせいで、その後フランスまでは何度か足を運べたけれど、彼の地にはたどり着けていない私。そんな背景もあって『70歳からのおしゃれ生活』(さくら舎)でも、向田邦子さんのベルギー旅行への憧憬にページを割いた次第です。

とはいえ今になって思うのは、行きたい場所が残っていることは、健康でいるモチベーションにつながる「夢効果」のひとつかも、ということなんです。

デルヴォーのバッグ。黒い方はパーティーにも持ってい
けるので、娘も愛用。オーストリッチのものは年齢を重
ねるに従い、より似合うようになってきた気がします。

母娘で
使ってます

ルール7　恋に落ちるまで買わない

これ、すごく厳しいルールのようですが、自分の中では一番甘やかしているルールという認識です。

そのわけは「恋に落ちるまで買わない」ということは「恋に落ちたら買っていい」ということでもあるから。

そう、最終的に「どうしても、これ欲しい！」となったら、購入予定リストになくても「恋に落ちちゃったんだから、しょうがないじゃない」で買えるんですね。「恋」なんで、もし役立たなかったとしても、諦めがつくし。

敬愛する宇野千代先生は、実際にも「恋多き女性」でしたが、モノや物件にも恋に落ちる率高し、ですごく好き。

私の3つの特性は「元気・生意気・正直」。真ん中の生意気は別として「元気・正直」の師匠は、間違いなく宇野千代先生じゃないかと思います。

亡くなられた後ですが一度だけ伺ったことのあるご自宅は、整理整頓、簡潔清潔といった佇まいで、「あっこれが、いつも季節の花を活ける壺だ」とか「あっこれが、恋焦がれて手に入れた人形だ」と、どんなモノを見ても「読んだことある！　本物だ！」と興奮さめやらず、でした。

急に、どうしても先生が生涯愛した天狗《てんぐ》屋《や》久吉《ひさきち》の人形の首《かしら》をご紹介したくなっちゃったので、ここだけちょっとイラストスペースを作って、松本孝志氏に描いてもらいました。

ルール8
モノも「天寿全う」希望

勝手に作ったルールの締めは、「天寿全う」希望ということになりました。本に影響を受けやすいというか、ほぼ本で出来上がっている私なので、このルールにもルーツがあります。

それは、畠中恵《はたけなかめぐみ》さんの『つくもがみ』シリーズに登場する古道具です。江戸は深川の古道具屋兼損料屋「出雲屋」にある（いる）古道具たち、噂が大好きで貸し出された先々でネタや事件を仕入れ、彼らの声が聞こえる店の清次とお紅が……という展開になっています。

「つくもがみ」は、付喪神とか九十九神と表記されますが、「道具は100年という歳月を経ると精霊を得て『神』に変化する」という伝承に由来します。

根付けや煙管《きせる》に鍋、そういうモノがキャラ立ちしていて思い入れが生まれちゃう。それで、そう簡単に捨てられない体質になり、100年は無理でも、できる限り「天寿を全う」させたいな、となりました。

例えば、「○○のできるまで」で取材した手染めの手ぬぐい。単に木綿の布ですが、最初はテーブルセンターや小物を置く場所の敷物として使い、そのうちキッチンに移動して拭く係に。それも洗い立ての食器担当から、台拭きとなり、最後は床を磨く雑巾として「全う」してもらいます。その間、ずっと眺めているので気に入った柄のものを買うのは当然です。

キッチンを見渡せば、シンクはピカピカにしておきたい方だけれど、使っている道具はベテランばかり。次ページの道具の中で最も使う頻度が高く、ほぼ30年毎日何かを切っているキッチンバサミなんて、もう半分「つくもってる」かも？

握り手は「名誉の負傷」状態ですが、ずっと頼りにしているメイドインジャパンの一品です。

さて以上で、8つのモノ選び（&お付き合い）のルールの説明を終わりにしたいと思います。長々とお付き合い、ありがとうございました。

勤続年数が長く、皆が一目置くキッチンバサミ（笑）。
ピーラーは３代目なので、ハサミの子分って感じかな。

Column2

一応着物ノート つくってみた

まず、着物の知識が圧倒的に足りない私なので、勉強してみることにしました。母の着物をジャンル別に分けて、柄などを簡単にスケッチする。例えば、写真は「紬」のページ、もちろんこれだけじゃないんだけれど、書いたり描いたりなら興味が持てるから、続けられるかもしれないというかすかな希望のもと、始めてみました。

とはいえ、父の具合はだんだん悪くなるし、母も教えるどころじゃなくなって、未完の着物ノート。当初は「器もやっちゃえ」という勢いで、カバーには「きものと器」の切り貼りが。さて父の介護が終わり、しばらくはノンビリ過ごしていた母も、リウマチ性の痛みに悩まされるようになり、急遽こちらに引っ越してくることになりました。

卒寿のお祝いには、お気に入りの大島を自力で着て宴席に臨めた母も、それが済んでホッとしたのか１週間後に転倒。それからは、ほぼベッドで過ごす日々になってしまいました。

「ヨウコ、着物は後でどんなふうにしてもいいから、前橋の家から持ってきとくれ」「えーっ、置き場所ないよ」「30枚くらいになってるから、事務所なら置けるだろ」。

さすがに「着てほしい」とは言わなくなったけれど、無人の家に置いておくのは忍びなかったんでしょうね。

次は拡大版コラム、118〜120ページに続く。

4章
自宅ルームツアー

初ルームツアーへようこそ!

プロのカメラマンによって最初に撮影された我が家は「お山の家」でした。ここは前橋の実家と違い、両親が友人を招いたり、私たちも週末のみ食材や着替えなどの荷物を車に積み込んで赴く家だったので、撮られて困るような(例えば洗濯物とか)諸々の生活臭がするモノがなかった。

それで、そんなにカメラが入ることに抵抗なく雑誌に載り、そこから我が家は「撮られる」が解禁になっちゃったんですね。

例えば、これから自宅内の写真が出てくるわけですが、「お山の家」と違い(シニア夫婦だけとはいえ)365日暮らしている家なので、「オッと、ここはNGで」という場所もあります。

せっかく「本」になるのだから、あまりお目汚しになる箇所はやめて、我が家の中でも比較的フォトジェニックな箇所を、プロならではのアングルで撮ってもらいました。そしたら自分で言うのもナンですが「エッ、うちってこんなにオシャレ? こんなに広い?」とビックリ。

一抹の危惧は、この写真を見て「広々した家」と想像された人が、万一ホンマモンの我が家に来たら「えー、狭いじゃん！」とガックリされること。引き合いに出すのもはばかられますが、かのモナリザ（私的にはラ・ジョコンダ）の本物を見たアメリカ人観光客がほぼ全員「トゥースモール」と言うとか言わないとか。と前置きして、部分的には何度か雑誌などで紹介してきた我が家の初ルームツアーを始めたいと思います。

いわゆる狭小物件なので、もともと3階建てでした。1階から順次ご紹介する流れでいきたいと思います。玄関、玄関脇のコーナー、コーナー裏の私の仕事場という順です。

実はその奥に夫の仕事場がありますが、今回は夫専用の場所は「穏やかな家庭維持」のため、NGとしました。その部分まで撮るとなると、生意気ヨウコがつい口や手を出したくなるからです。

まずは、1階部分です

玄関は狭いので、階段の途中から見下ろす形で撮ってもらいました。ドアの色、内側からの撮影ですが今はモスグリーン。その前は赤、購入時は紺でした。どれも好きでしたが、今はクリーム色の外壁と落ち着いた緑のドアの組み合わせが気に入っています。

チラリと見える葉っぱは、我が家唯一の観葉植物です（私が観葉植物を枯らす名人であることは『70歳を越えたらやめたい100のこと』（アスコム）で、カミングアウトしました）。

その向こうに、黄色いソファや飾り棚、ローテーブル代わりにしている清朝の櫃《ひつ》、突き当たりは夫の抽象画を背景に両親の位牌のコーナーがあります。

続く、私の仕事場の全景は「初出し」。ちょっと恥ずかしい気持ちもありつつ、もし私が他のモノ書きの方のルームツアーをするとしたら、一番見たい場所だったので、正直ヨウコの名に懸けて包み隠さず撮ってもらいました。

上段は色鉛筆、招き猫、お気に入りの本。
中段は自著と本のすべりどめ用小物。下
段はブルーウィローやシノワズリの陶器。

小さめの打ち合わせやシニアのコーヒータイムに活用しています。

壁には何も貼らない
主義ですが、仕事場
だけは例外。忘れた
くないことや好きな
写真などをペタペタ。

女たちよ！
伊丹十三
ラファエル・ナダル自伝

上／お手紙BOX。一番下に封筒と便箋が入っています。下／ギッシリ本棚。ベルギー生まれのタンタングッズやスヌーピーグッズなどを並べてあります。

作業机から見えるタンスに、出来たイラストを貼っていくと
色合いやバランスを考えるのに役立ちます。

最近のリフォームで手すりをつけ、安心感が増した階段です。

2階に上がります

2階は、一部が畳になっているリビングと、キッチン、洗面所&トイレというラインアップです。

リビングの一部を畳コーナーにリフォームしたのは、1章のマイ「夢叶え」ヒストリーでお話ししたコンクリート打ちっぱなしの賃貸物件のリビングに、1段上がった畳コーナーがあり、とっても居心地がよかったため。

掘りごたつまであって、転校したてで「友達出来るかな?」と心配していた娘の友達がこぞってやってきて、夫も交えてトランプをやったりしたものでした。(夫ともすっかり仲良くなって、しょっちゅう遊びに来てくれたみっちゃん、元気かなぁ)。

キッチンは、外国製のカッコいい作りだったのですが、日本人としても小柄な私には高さが合わず、国産のものにチェンジ。夢っぽさは減ったけれど、細かい配慮はさすが! 特に引き出しになった収納のおかげで作業がラクになりました。

このコーナーで
本を読んだり
手紙を書いたり

恋に落ちたモノの中でも大物中の大物のキャビネット。
重すぎて男性４人で運びました。

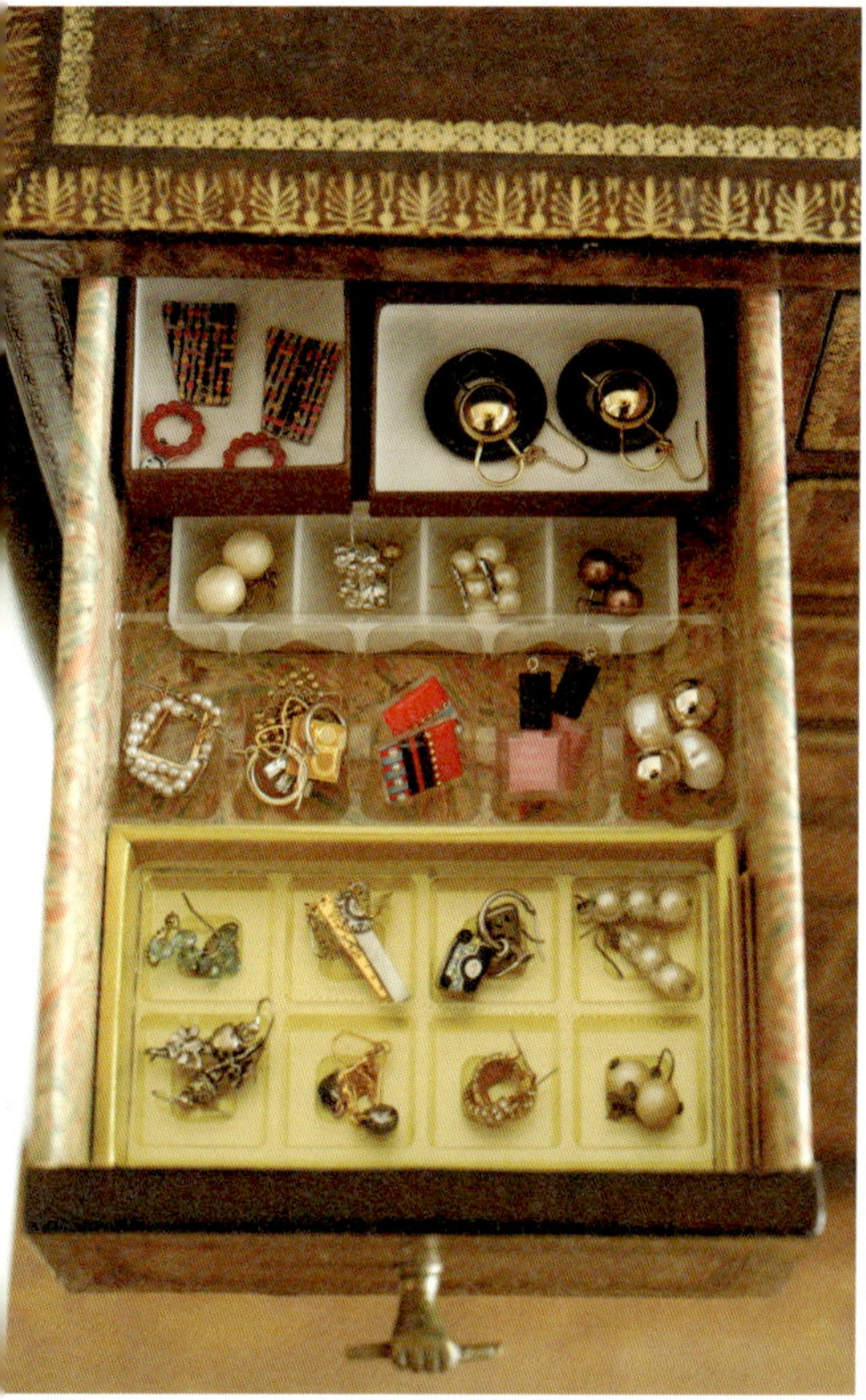

ピアスの数はけっこう多いけど、一粒パールの日が200日くらいかな。

近眼で老眼なのでメガネもとりどりです。

畳コーナーの段差を利用して作った引き出し
（もともとはビデオテープ入れでした）。

しっくいの壁の傷みや汚れを隠す松本画伯の作品。

ひとり湯どうふに
使った土鍋です

Flour
LIGURIAN
HONEY
Premier

おままごと的トキメキをくれるキッチンセット（ドイツ製）。いつの間にかアンティーク調に。

箸置きが大好き！
見ているだけで幸せ！
小2の孫（男の子）が
夕食に来ると、皆の箸
置きを選んでくれます。
席も彼の指定（笑）。
私を隣の席にしてくれ
ること多し（嬉し涙）。

普段づかいの和食器。藍色が多いです。踊る男女のお皿は夫のイラスト。

自作の棚。ナツメには胃腸薬（笑）。

ドライフラワーにも
いい香りをシュッと。

洗面所の窓辺。シャネルのN°5は香りもデザインも好き。

不思議な階段になった理由は、次のページ参照。

3階をめぐる歴史を少々

中古物件のリフォームで最も頭を痛めたのが、3階です。もとの作りではやや広めの一部屋だったけれど、高校生の息子とじきに中学生になる娘の部屋を分けるにはどうしたらいい？問題。

で、幅を取っていた2階から3階への階段の場所を変えて、91ページで紹介した少々変わった階段で3階に上がるようにしました。そのおかげで何とか2部屋確保できたのですが、洗濯物を干すベランダに出るためには、どちらかの部屋を「その都度」通らなくちゃならない。

これ、子どもにも私にもストレス大です。

で、2つの部屋の間にせまーい通路（通称キャットストリート）を作り、ベランダ直通ラインが出来ました。

その後、先に1人暮らしを始めた息子の部屋はランドリールームに、キャットストリートをつぶして広がった娘の部屋の方は、娘独立後に夫の寝室となりました。他には、お風呂と洗面コーナー、うなぎの寝床みたいなウォークインクローゼット、夫専用のトイレ。

前の住人が好んでいたらしい小さいサウナもあるんですが、閉所恐怖症気味の我が家族には絶対ムリなので、そのままタオルや洗剤、トイレットペーパーなどのモノ入れとして使っています。

ふーう、大体の説明終わったかな……あっ、気がつきました?

そうです「中山さん一体、どこで寝ているの?」の謎。

別に大した謎ってこともなく「2階の畳に布団敷いてまーす」。

この畳コーナー、本当に多目的に使える優れモノなんですが、階段移動の際の副産物でメッチャ奥行きのある押し入れが出来て、軽く数人分の寝具の収納可能。加えて、全面引き戸式になっていて、閉めるとコーナーからちゃんとした部屋に変身、夜はマイ・プライベートルームになるんです。

ふーう、今度こそルームツアーの説明はこんなところでよろしいでしょうか?

キャットストリートをつぶした時に文庫棚を作りました。グラデーション収納は敬愛するエッセイスト熊井明子さんの真似です！

３階の窓は小さいので、
飾りも小さめ。紙製のお
香と共に。

レトロが好きな私のお気
に入りタイル。牛乳石鹸
好きな夫は青箱派です。

娘が漫画『ご近所物語』(矢沢あい作) に憧れて買ったボディ。今は私が使ってます。ブラウスの重ね着みたいに見えるワンピース、便利です。

今はあまりネックレスはしないけど、友人の手作りなど、お気に入りをディスプレイ。

ラコステのキーホルダーを夫の部屋のドアチャームに。

クローゼットのドアチャームは、ミニチュアのハンガーです。

自宅でお互いの仕事机に座れる幸せ

実は、この撮影の直前にとんでもないアクシデントがあって、ヨウコ大慌て！ 2024年の夏、あちこちでゲリラ豪雨があったことは、まだ皆様の記憶に残っているでしょうか……。とにかく雨の勢いと量がホントすごくて、ちょうどその猛威の中に入ってしまった我が家は、今まで経験したことのない雨漏りで、てんやわんやの大騒ぎになってしまったんです。

主な被害場所はキッチン。タライやバケツ、ビニールシートなどを総動員しても追いつきません。夫がビールジョッキ持って雨漏り箇所にいき、15秒でいっぱいになっちゃうから後ろに控えている私が次のジョッキで受け止め、その間に夫がジョッキをカラにしてハイ交代を繰り返す。

この大繁盛しているビアホールは、1時間程度で終了したものの「これは相当やられているぞ」で、翌日すぐに業者に連絡して、足場を組んで調べることに。結局、屋根の破損が見つかり、かなりの修復工事となりました。

ルームツアー中も、まだ足場が組まれており屋根は穴あき状態だったんです。

まあ中古住宅に修理はつきものだし、今は雨が降っても枕を高くして寝られることに感謝。

とはいえ、ガタが来ている上に階段移動の多いこの家にいつまで住めるかが、これからのテーマのひとつであるのは間違いありません。

私たちと同世代で、同じように階段の多い戸建てに住んでいた友人夫婦は一昨年、持ち家を売却してセキュリティのいいバリアフリーな新築マンションに越しました。

「信じられないくらい快適、戸締まりもラクだから出かけるのも億劫じゃなくなって。引っ越しは大変だったけれど、お宅もそろそろおススメ」と。

確かに彼女の話には納得だし、新築マンションかぁ、いいな……と思わなくはないけれど、もうちょっとここの暮らしを続けたい気持ちの方が勝ります。

夫もまた「階段の上り下りのおかげで、足腰は鍛えられていると思う」と前向きだし、この古びてきた家に愛着があるみたいです。

どうしてここまで夫婦でこの中古物件が好きなのかは分かりませんが、彼女たちのライフスタイルがうちと決定的に違うのは、夫の定年後は海外にもひんぱんに出かける生活をしていること。

そう、うちは定年ないんですよ（ついでに言えば退職金もない）。まあ退職金なしのシニアになることは、夫も私も分かっていたから、それなりの準備をしてきたつもりだし、ずっと夫婦で働くのも至極当たり前でした。

実際、たった今も原稿を打っている私のコーナーの奥で、この本のカットのラフを起こしている。そうか、昔ほど忙しくはないけれど、この家の仕事場で絵を描いたり、文を書いたりしながら「ねぇ、今日のお昼は焼きそばでいい？」という暮らしそのものが好きなんだ。

なるほどー、書いているうちに気づいた真実！　子どもがいた頃は「やったー、パパのカレーだ」とか「天ぷらは父担当」みたいな感じでキッチンに立っており、今はイオンとワオンは間違うけど、食材の買い出しには積極的なイラストレーターと、ここでの暮らしを楽しみたいと思います。屋根も直したばっかりだしね。

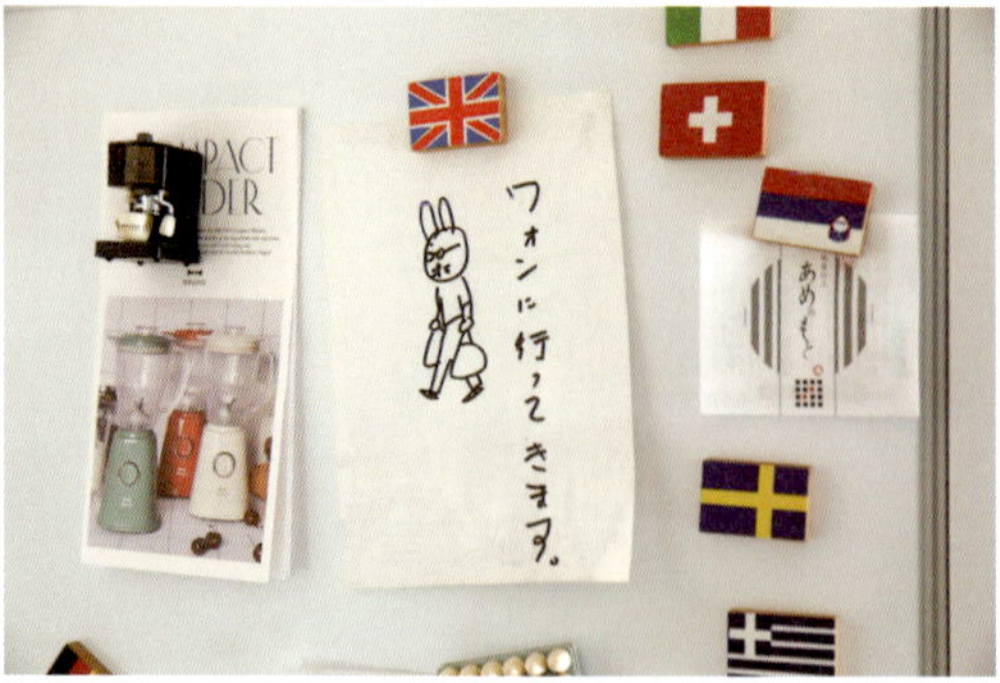

イオンをワオンと書いた天然イラストレーターのメモは捨てられませーん（皆に受けるので）。

5章

事務所ルームツアー

一瞬で恋に落ちたレトロ空間

自宅もかなりのレトロ物件ですが、事務所の空間は昭和レトロの最たるもの！何せ昭和40年代に建てられたというヴィンテージマンション。外観も好きですが、部屋を内覧した時から「ここが好きー」と思うポイントが多すぎて、恋に落ちた私です。

自宅の場合は、必要に迫られてどうしても見つけなきゃ！の腕まくり状態でゲットしたけれど、こちらの場合は「恋」。それまでは「恋に落ちた」最大のモノでも自宅リビングにある革張りキャビネットだったのに、一気にマンションて、ヨウコ大丈夫？

でも、どんなことがあってもこれは買う！

不思議なんですが、誕生会に使う紙皿買うのに30分も迷って、結局娘に電話して「ひとつは、大きさはピッタリだけど色がイメージと違うし、もうひとつは色はいいんだけど、ちょっと小さめ。どうしたらいい？」「両方買えば？」「うん、そうする。ありがと」みたいな面もある。

なのに、なぜか物件だと異常にアドレナリン？・ドーパミン？・みたいなのが出て、大胆不敵になるのは、自分でも不思議、そんな「恋した空間」を、ルームツアーその2として実施できるのは嬉しい限りです。

玄関、打ち合わせ室、キッチン、洗面所、ゲストルームの順でご紹介します。

玄関の右側には洗面所とゲストルームがあり、突き当たりにキッチンのドア、左側に打ち合わせ室や娘たちの仕事コーナーがあります。

一番広い空間が、みんなで使う打ち合わせ室。自宅のリビングはごく普通サイズのテーブルですが、こちらはかなり縦長の大きいテーブルなので、ゆったり打ち合わせができます。「お山の家」にあったものを、背もたれがバッテン状になっている椅子と共に運びました。

そうそう108ページのイーゼルも「お山の家」から運んだんですが、絵を描くのが好きなファミリーのシンボル的存在になってます。

ヴィンテージマンション「あるある」

玄関を左に折れてすぐ左側、打ち合わせ室の壁一面にズラーッと作りつけられたクローゼット、内覧して一瞬で目にハートだったから、そのままの扉を生かして傷んでいた箇所だけ修理しました。

他の「恋した」ポイントは、写真のキャプションを読んでいただくことにして、ヴィンテージマンション「あるある」。

来てくれた方は「レトロおしゃれな空間いいですね、癒やされます」みたいなお誉めの言葉をくれますが、やはり管理や修理にはかなり時間も費用もかかります。いくら内装をステキにしても、建物全体の配管などは（もう60歳近いので）老朽化が著しい。

とはいえ、戸建てと違って大勢の人が住んだり仕事したりしているし、今の居住者がオーナーとは限らないので、大規模修理のハードルは高いです。

そんな物件に「恋」しちゃった私に責任アリなんだけど、今は「みんなの事務所」で、若い世代も手間がかかるのを理解してくれ、大変ありがたい！です。

自宅に比べて広々した玄関。ドアポストもレトロで好き。

easel
N.Y.
easel
CIRCUS
江戸のふたり

イーゼルのディスプレイは、時々作者を替えて楽しみます。

打ち合わせに初めて来ていただいた方に名刺代わりに渡す文庫やポストカードたち。

私のハートを射抜いた壁一面のクローゼット。収納力もすごいです。

事務所のコップやカップはほとんど夫のイラストのもの。ヒナちゃんマグカップ、カリイイ。

フェルメールの絵のような光が何とも美しいキッチン。市松のタイルや黄色のペンキ。私の夢通りに再現できました。

レトロな鏡に合わせて紺のシンクの洗面台をオーダーしました。

タオルは「MNW」のマーク入り（37ページ参照）。

特に好きな本を並べました。水彩画は夫の作品。レオナルド・ダ・ヴィンチの画集の表紙は大好きな『洗礼者ヨハネ』の指です。

ゲスト用のベッドコーナー。私の瞳にハートマークが入った
後ろの棚も物件購入当時のまま。これぞレトロおしゃれ！

ルームツアーを終えて

今まで自分の住まいに関して、ここまでまとめてお話ししたことがなかったから、ご紹介しながら色々と思い出したり改めて確認したりと、なかなか興味深い体験になりました。

「これからの住まい方のまとめ」を自分に問うてみたら、元気ヨウコは「これからも、この大好きな暮らしを目いっぱい楽しむぞ！」らしいし、生意気ヨウコは「あるべき場所にあるべきモノがある空間の維持を目指す」だとか。そして正直ヨウコは「そろそろ、面倒で苦手なことはやめてもいいよね？」のようです。

例えば、今回は自宅のお風呂場を写真にすることはNGにしました。バスタブは、小柄な私なら足を伸ばしても十分な大きさだし、洗い場も広々しています。シャンプーとコンディショナーを置く棚もスッキリ！

ただ、高い場所や腰をかがめないと掃除出来ないところの黒ずみ（カビと思われる）が気になって、皆様にお見せできなかった……ということなんです。

黒ずみ落としにトライする気が皆無だったわけではないけれど、高いところは脚立がないので椅子を入れないと手が届きません。

その上ゴム手袋して薬剤を吹き付け、ブラシでこする作業は、シニアの私には転倒のリスクありすぎ？

まあ、そういう場所も増えてくるだろうから、頑張りすぎずハウスクリーニングのプロの手を借りてもいいんじゃないかと思うようになりました。

今まで、自分でやってただけでもけっこうえらい！と自画自賛。

ひとりで家にいる時も、家族といる時も親しい友人がきた時も、同じように寛げる家なら、それで十分、いやいやそれが最高。

ルームツアーと銘打ったので、掃除もいつもよりは丁寧にやったし、不燃ごみも多めに出しました。あちこち撮られるのでけっこう緊張するかと思っていたけれど、想像より楽しめたことが、何よりの収穫でした。

長々のお付き合い、本当にありがとうございました。

Column3

これなら着られる？試しのリメイク「紬」という店との出会い

山にキノコ狩りに行けば、普段なら見落とすキノコまで見つかるように、雑誌の着物のリメイク特集や書籍が目に留まり、何冊か購入してみました。何でも本から入るオンナです。

そして、結論。自分でリメイクは無理、オーダーは高すぎる。そんなことで意気消沈しかかった時、渋谷スクランブルスクエアに贈答用菓子を買いに行った私が見つけた「紬」という文字。

ナニナニ、紬って？　沢山の着物リメイク作品が並ぶ、ポップアップストアでした。スタッフらしき女性に「あのー、ここっていつまでやっているんですか？」「ああ、今日が最終日ですけど、次回は来年の２月になります」「自分の着物も持ち込めるんですか？」「はい、それはセミオーダーといって、デザインはここにあるものの中から選んでもらいます」。

出会いましたよ、私が望むリメイクのお店に。ふとスタッフの方のネームプレートを見ると「山中さん？」「はい」「私、中山です」。これもご縁でした。

次のオーダー会には、娘にも同伴してもらい４点の着物を持ち込みました。ひとつはキャミソールドレス、ひとつはワンピース、そしてもうひとつはロングコートにしてもらうことにしました。

４点目の黄八丈は、派手だったので「これは処分してもらっても」と言うと「能登の方に半纏を作って送るので、その生地の一部にさせてください」とのこと、素晴らしい。

という流れで季節も変わる頃、３枚の着物がリメイクされて、なかなかおしゃれな洋服になった！という顛末でした。

次ページ、コラムのまとめでーす。

Column4

「自分で着付け」の呪縛から自由に

「母の着物」にまつわるコラム、ラストのページになりました。実際、母が亡くなった後は乾燥剤を取り換えるだけで、そのままになっているけれど、前より恐怖感もウンザリ感もなくなっている自分に気づきました。

リメイクしたいモノは、次のオーダー会で頼むこともできるから、広げてみる楽しみも前よりはあります。

それとリメイクして分かったのは、本当は着物は着物のままが一番美しい、ということです。

だから、無理はせず「着物着てみたいな」となったら、着付けのプロに頼めばいいし、動機はコスプレ感覚でもいい。

着物には細かいルールがあるから、着物パトロールと呼ばれるおば様たちもいるらしいけれど、さすがに左前とかじゃなかったらシニアにはラクに楽しく着る道があるかも。

あと、帯などは美術工芸品として美しいので、ジャポニズム的なインテリアとして活用するのも楽しそうです。

「あるかも」ばかりで申し訳ないですが、たった今の私なりの着地点をお話しして、このコラムを閉じたいと思います。

コートに変身する前の紬を着た私と白大島の母、お山の家の取材でのワンシーンでした。

6章
私の宝物アルバム

Nouveaux textes
de lectures
COURS PRÉPARATOIRE
LIBRAIRIE ARMAND COLIN

見るだけで旅できるお土産たち

「これまでに行った中で、今再び訪れたい都市はどこですか？」と聞かれたら、迷う都市は4つ。

その4つとは、フィレンツェ、パリ、バルセロナそして京都です。

現実問題とすると、京都ならすぐ行けそうですが、たまにテレビのニュースに映し出されるオーバーツーリズムぶりを見ると、ちょっと萎える。あとの3か所は、まずは、切れたパスポートの申請から始めなきゃね。

実際、介護とコロナと自身の病気を経て、やっと近場（例えば、小田原や軽井沢）に家族で1泊するくらいの現状なので、もうしばらくは「見るだけで旅できるお土産たち」を愛でて、幸せを味わうことにします。

次の見開きページでは、そんな4都市で出会ったお土産を紹介しました。まずは、フィレンツェの大理石の卵。イタリアは、大理石が多く産出される国なので、建物だけでなく色々な調度品や小物に加工されていますが、卵のフォルムが大好きなのと、マーブル具合がいいのでこれを選んでみました。手の中で転がすと、不思議に安心できるんです。

パリのお土産からは、蚤《のみ》の市で買った昔の挿絵と、手作り美術品が並ぶ店で見つけた不思議な階段。バルセロナは、サグラダファミリアのお土産コーナーで買ったエスプレッソのカップ。ガウディのモザイク柄がおしゃれです。

そして京都の古道具屋で買ったのが、木の板。これ、干菓子を作る型なんですが、かなり「つくもってる」感じ？


自分で言うのもナンですが、ちょっと風変わりな趣味かも。でも私なんて初心者で、本当の風変わりは、どの都市にも一緒に行った夫の自分への「旅土産」。公園や道端に落ちている、つぶれたブリキ栓をあちこちで拾うという……。ちなみに、つぶれ具合や栓の図柄にちゃんとこだわりがあるらしく、私が手助けで拾ったものはすべて却下されました。実際に、それらがキャンバスに貼られると作品の一部になるから凄い。いつか、それもご紹介したいです。

エッシャーの
階段みたいで
好き

どれも一風変わっているけれど、なぜか私の部屋にはピッタリ。見るだけで幸せな旅を思い出します。

パリの文房具店、
雑貨屋、古書店な
どで見つけた紙類。
どれもかわいくて
目がハート♡

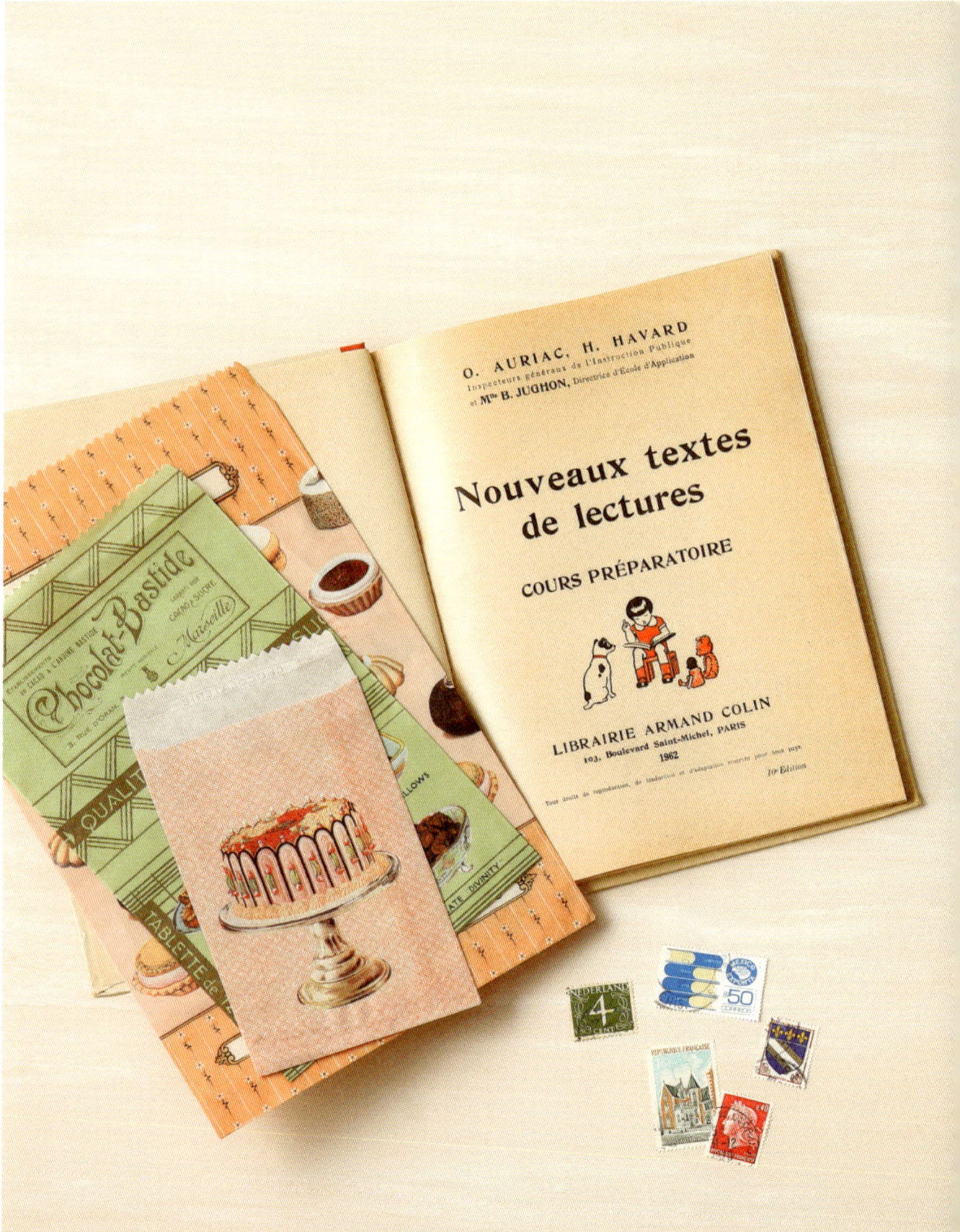
O. AURIAC, H. HAVARD
Inspecteurs généraux de l'Instruction Publique
et Mlle B. JUGHON, Directrice d'École d'Application
Nouveaux textes de lectures
COURS PRÉPARATOIRE
LIBRAIRIE ARMAND COLIN
103, Boulevard Saint-Michel, PARIS
1962
Chocolat-Bastide
Marseille
QUALITÉ
TABLETTE de
NEDERLAND
4
50
RÉPUBLIQUE FRANÇAISE

見るだけで癒やされるモノたち

猫の置物、犬筥《いぬばこ》、金魚柄などが大好きです。猫の毛アレルギーになってはや40年、ペットを飼えないせいもあるのでしょうが、つい見かけると買ってしまいます。どれも縁起もの（金魚は中国の招福アイテム）ですが、見ているだけで癒やされるから、福を呼ぶ効果も数倍あるかもしれませんね。

今回は、特に癒やされている選抜メンバーをご紹介しました。

後半は、母の遺したモノの中から、特にお気に入りを選んでみました。

お茶道具はたーくさんあったけれど、私も娘も茶道を嗜《たしな》まないので、孫娘（130ページの七五三姿の女の子、今はもう高校生です）に譲りました、というか、華道、茶道とも学校で習っているので引き取ってもらった感じ。

コンパクトに箱に収まる茶道具は、今回の撮影で色々整理していたら見つかって、娘と「かわいい！」となりました。何せふたりとも嗜まない系なので、置き方が変だったとしてもご容赦ください。

招き猫３体。大きいのと小さいのは別に求めました。ちなみに右上げは「金運を招く」、左上げは「人やお客を招く」だそうです。

香港で買った金魚柄の壺。京都で買った眠り猫。
盆栽のカードは青山のオン・サンデーズで購入。

犬筥は、平安時代に玉座の脇に置かれた狛犬が由来。犬は多産なので安産のお守りになったとか。前列は友人のおひな様と共に飾られていたもの。中列は箸置き。後ろのは香箱になっています。

ネットで調べたら野点《のだて》セットのようです。「遊茶箱」というらしい箱にスッポリ収まって、とってもカワイイ！　テラスとかで抹茶点ててみようかな。

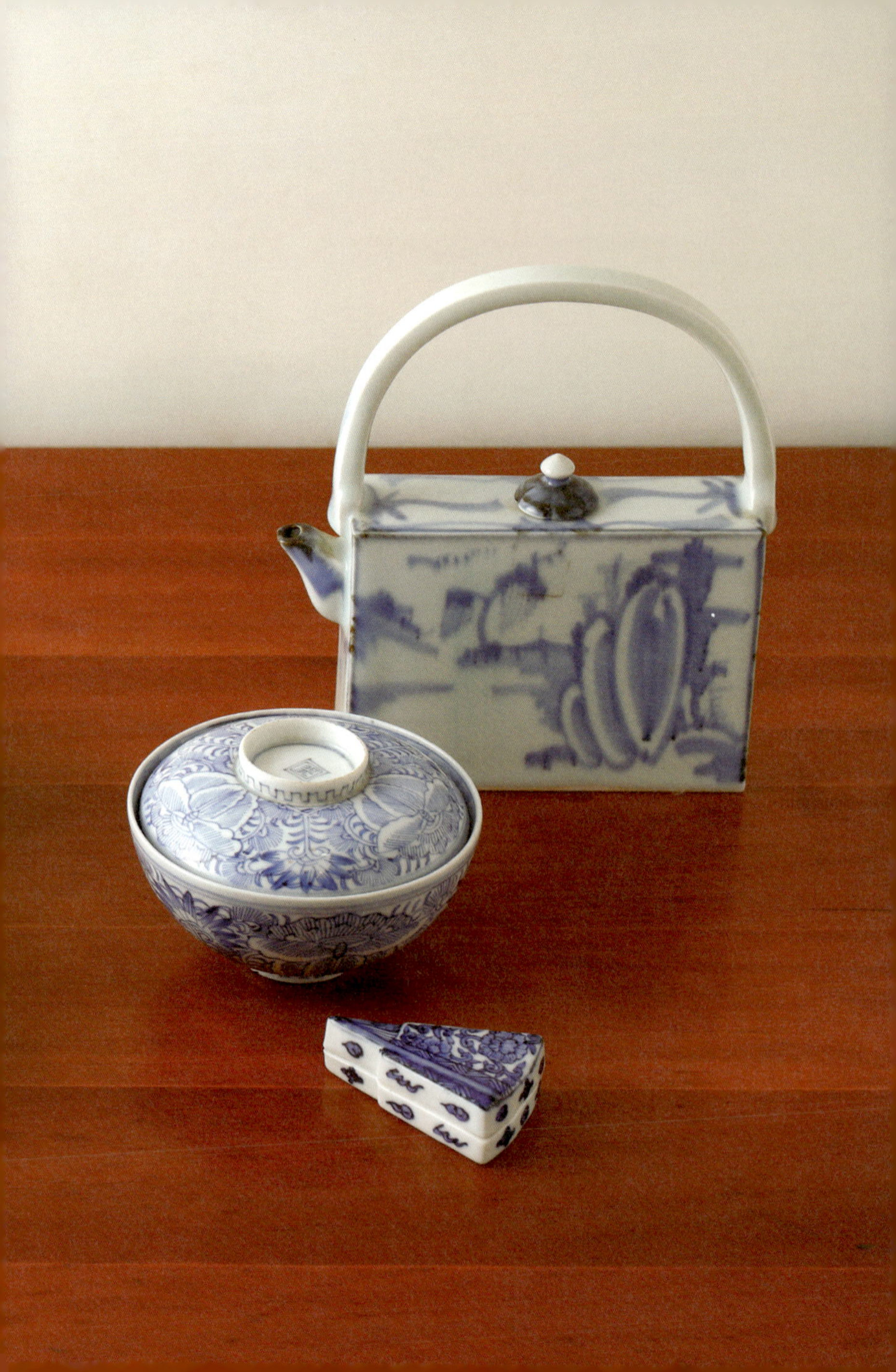

白と藍の組み合わせは本当に美しいです。母は沢山の器を遺しましたが、この蓋付き碗は特に好き。前の２つはお香入れ、形も素敵です。

読むことの幸せヒストリー

とにかく、本はずーっと読んできました。ジャンルは完全な雑食系です。

ヒストリーでいえば、幼稚園の時には絵本のおかげで何とかひらがなが読めたので、小1で児童文学全集を揃えてもらいました。一人っ子の特権で、いつどこで本を読んでいても邪魔されないから、もう読み放題。当時特に好きだったのが『オズの魔法使い』『ニルスのふしぎな旅』『床下の小人たち』など。

そのうちに、もう少しリアルな『若草物語』や『大きな森の小さな家』シリーズなどを好むようになりました。小学校の図書貸し出し数は、クラスでも1番か2番。ひとり凄く本好きの男子がいて、全然好みのタイプじゃなかったけれど、お互いに一目置いてリスペクトはしてたかな。

中・高は反抗期で、色々読んでたけどあまり印象になく、東京に出て一気に読む本がオタク？　まあ、澁澤龍彦とかそっち系、高円寺界隈の古書店にもしょっちゅう行っていました。

教員時代も図書館の係をしたり、授業の空き時間には美術研究室の鍵をかけて本を読み耽ってました。生徒に「指導者らしい」ことを言ってみたくて、自己啓発や心理学の本を読む機会も増えましたね。

そのジャンルで女性向けのものが圧倒的に少なかったことが、後年「なりたい自分」とか「心がだんだん晴れる」といったタイトルの本を書くきっかけになった気がします。

「どうして忙しいのにそんなに読めるの？」と聞かれることがありますが、とにかく読むのが速い。速読法を学んだことはないけれど、1ページごとに斜めに目を走らせると映像のように読めます（だから2段になっている本は苦手）。

さすがに最近は目も疲れるし、「好きな話の中」でのんびりしたいから、意識してゆっくり読む、それでも速くなっちゃう時は音読します。

ということで、大好きな本は何度でも読み返し、私の一部になっている感じ。

そんな中でも特に宝物度が高い本を8点ほど選び、次ページで紹介しました。

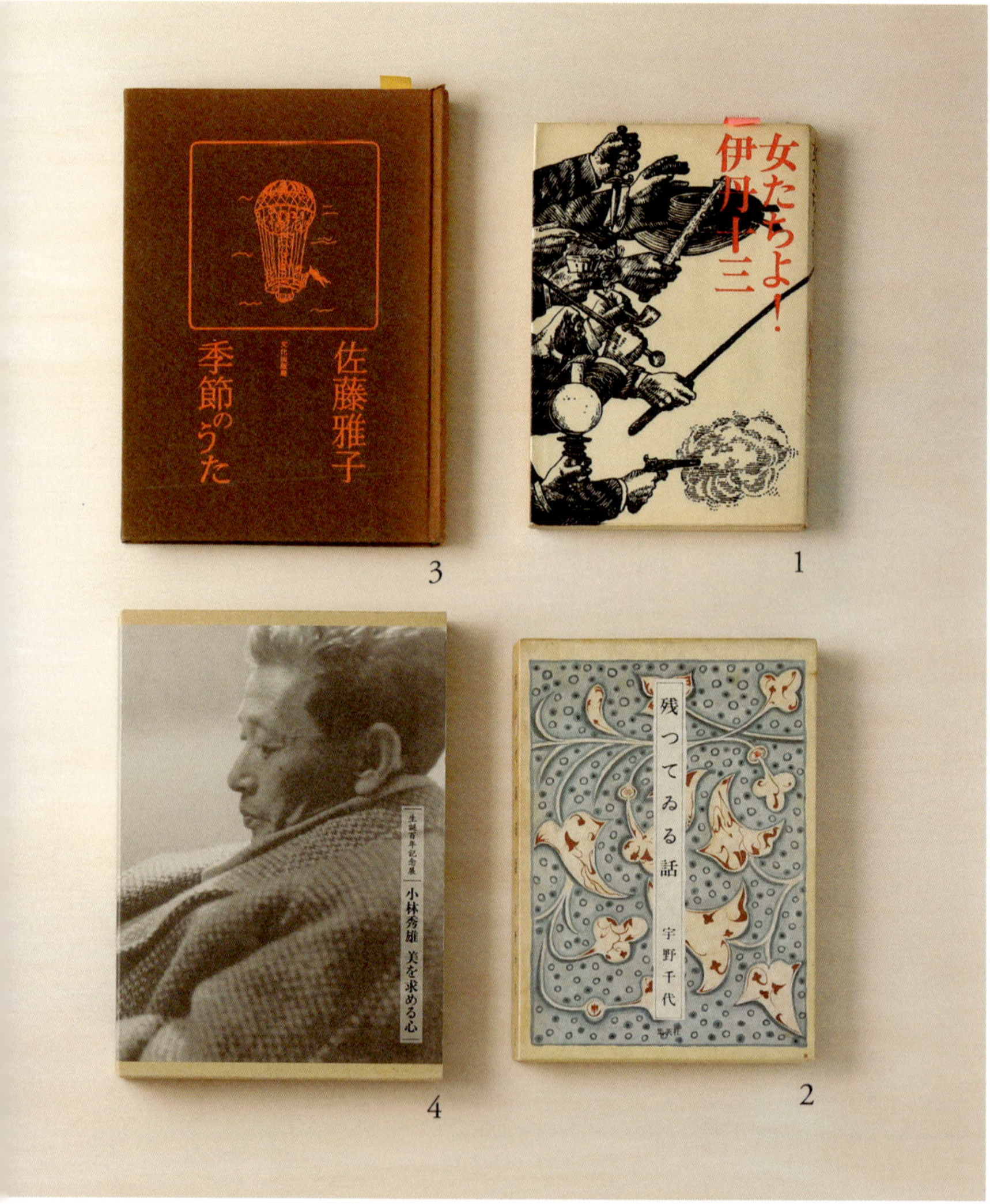

1『女たちよ！』伊丹十三（文藝春秋） 昭和49年版　装画カット共に著者
2『残ってゐる話』宇野千代（集英社） 昭和55年版　装丁は青山二郎氏（箱入）
3『季節のうた』佐藤雅子（文化出版局） 昭和53年版　装画は夫君の佐藤達夫氏
4『美を求める心』小林秀雄（日本経済新聞社） 平成14年版　生誕百年記念展（箱入）

5『雁金屋草紙』鳥越碧(講談社) 平成３年版　装画は主人公・尾形光琳作
6『美しいもの』赤木明登(新潮社) 平成19年版　カバー写真は小泉佳春氏
7『仮縫』有吉佐和子(集英社) 昭和53年版　装丁は中林洋子氏
8『甘い蜜の部屋』森茉莉(新潮社) 昭和51年版　装画は池田満寿夫氏(箱入)

RHS
RHS

複数の資料を同時に読むのでペーパーウエイトは必需品。ペン先が入ったもの、ペンの形のもの、どちらも好き。長靴形のペン立ては何度も撮影されてます。ネコのスタンプはヴェネツィアで買った蔵書印。

私の「究極の趣味」はこれかも

締めの宝物は、スクラップブック、手作りブック、旅ノート、VIVA自分ノート、いいこと日記の順でご紹介したいと思います。

この中で、最も歴史が長いのはスクラップ。中学の時には本格的に作っていました。机に向かって熱心に何かやっている時は、たいていスクラップ。もっと以前から、糊とハサミと紙があれば1日留守番でもオッケーな子だったけど、受験勉強がイヤ過ぎて学習机の一番下の引き出しに「スクラップの道具」をしまっておいて、教育熱心な母の目を盗みつつ作ったのが「秘密の楽しみ」と化して今に至るとすれば、母に感謝かもしれません。

その他は大人になってからですが、それでも年季入ってます。

写真に撮った手作りブックは、娘が「これ一番好き」と言ってくれたもの。熊井明子さんが雑誌連載していた「私の部屋のポプリ」のページを自分でレイアウトして作ったものです。その後、本当の単行本になりますが、どちらも私の大事な宝物です。

旅ノートはどれを読み返しても面白いですが、１４８ページの下にある短期の語学留学スタイルで行った、イタリア北部の「バッサノ・デル・グラッパ」のノートは面白い！　授業は熱心じゃなかったけれど、放課後の優等生でした（笑）。

ＶＩＶＡ自分ノートは『幸せノートのつくり方』（KADOKAWA）を作った時、へこんだら自画自賛する秘密のノートの存在を編集者に知られ「中山さん、これＶＩＶＡ自分として載せましょ」と言われ、世に出たもの。最初は１５０ページにあるセッテジョルニというイタリア製のノートでしたが、輸入されなくなっちゃったので、今は伊東屋のノートを使っています。一番人に見られたくないノートなので、いつか処分？　でも、これも読むと面白いんだよなぁ。

本当のラストは、日記帳。いいこと日記を自分で作る前から、日記をつけていました。冊数が娘の年齢と一緒の理由は、ここには書ききれないから「おわりに」のエッセイで書かせてもらいますね。

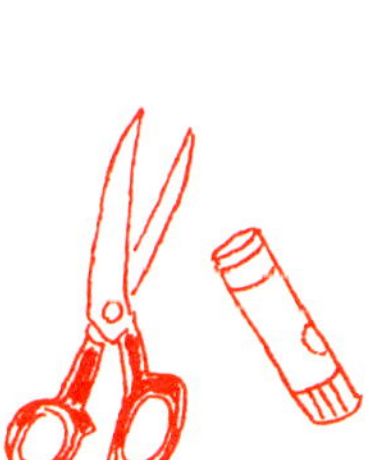

描きあがったイラストを貼るタンスの下に１段引き出しがあり、
そこに大きいサイズのスクラップブックを収納しています。

沢山あるスクラップブックの中から、特にお気に入りを紹介。
羽根のついたワンピースは娘が幼稚園の時に友人に作っても
らったら、幼稚園中の女の子が真似して天使だらけ（笑）。

熊井明子さんのイメージに合わせて雑誌から見つけたページをカバーに。上が表１（表紙）、下が表４（裏表紙）。

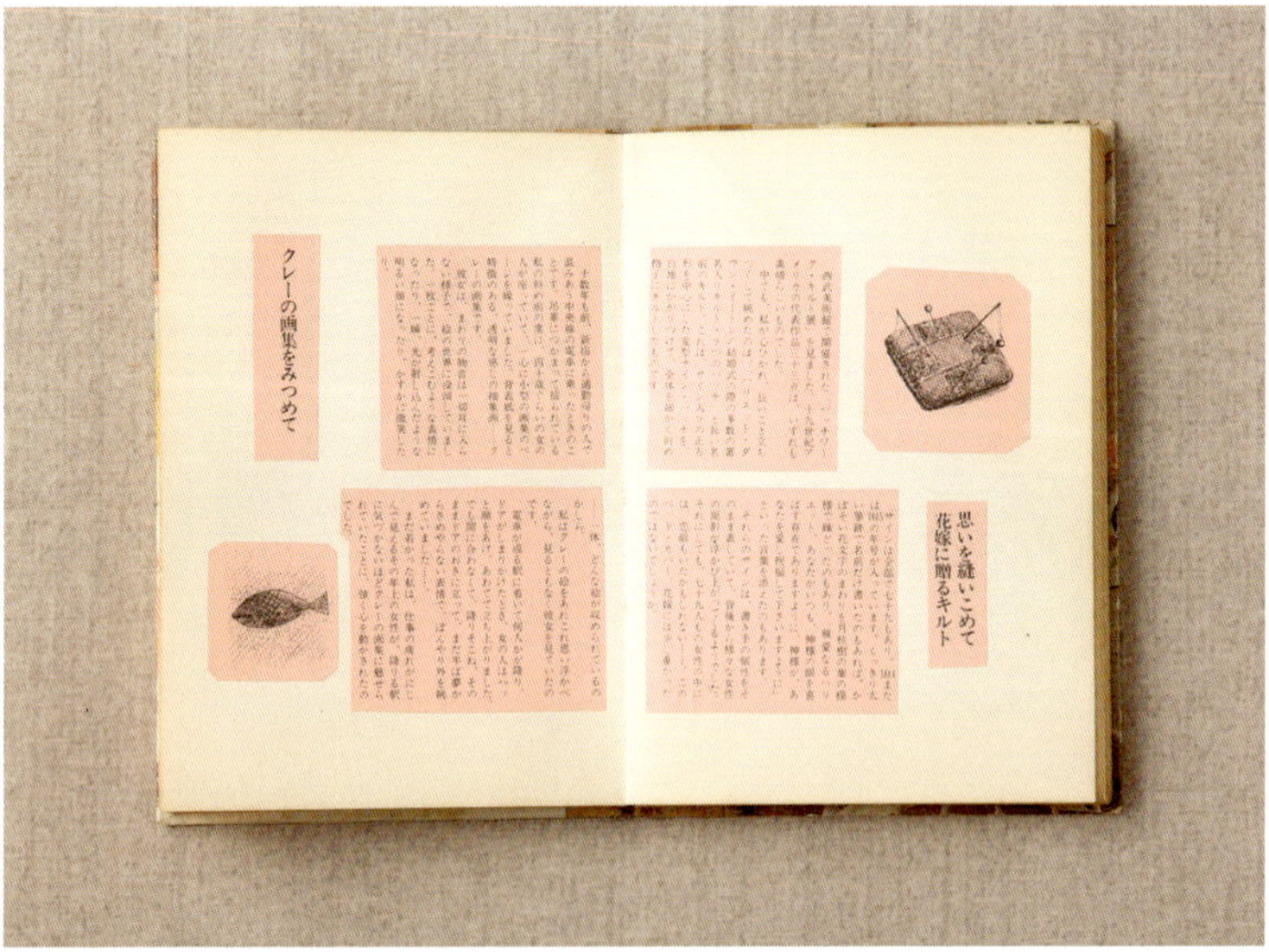

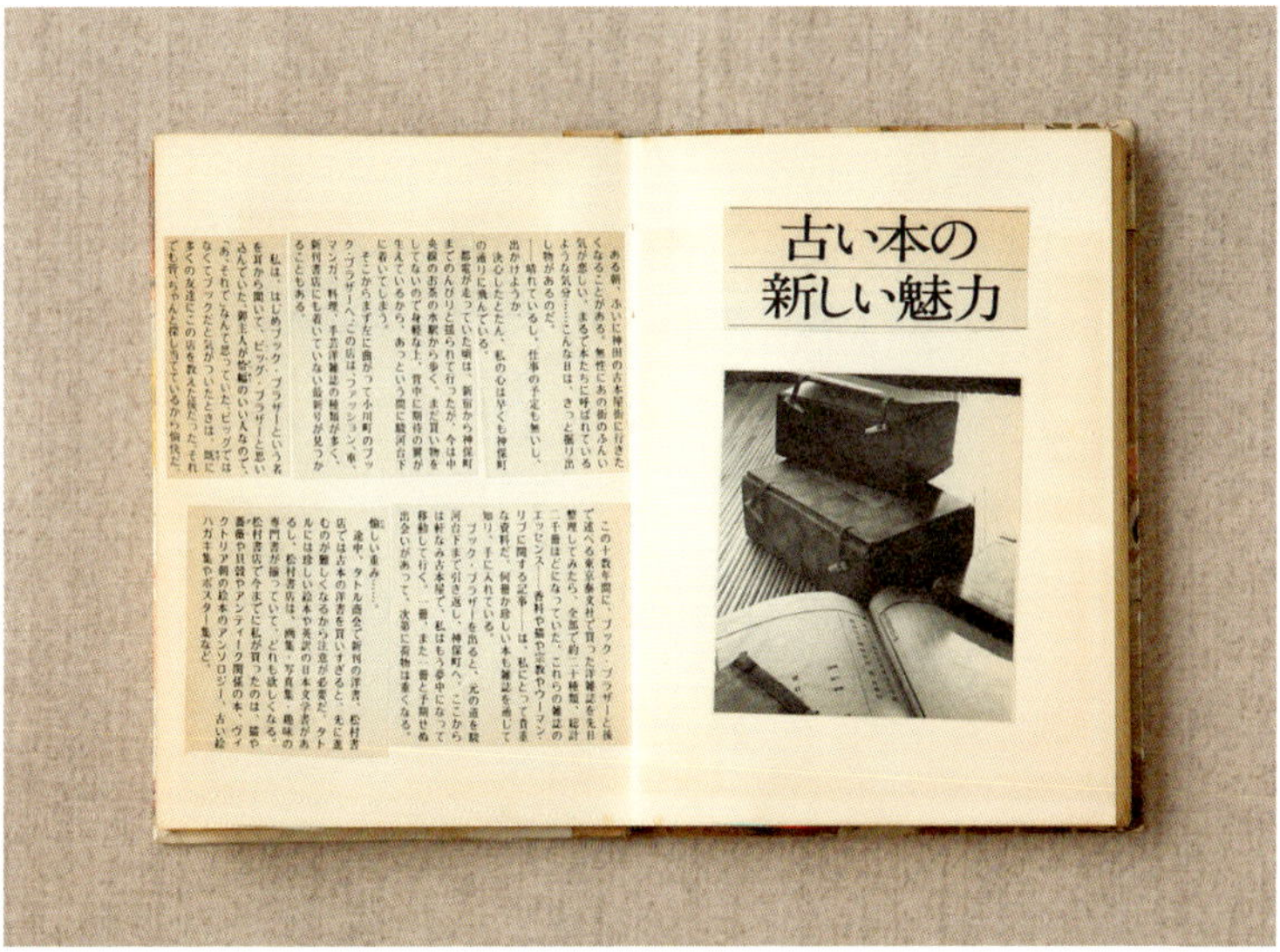

上は、「私の部屋のポプリ」のページを私流にレイアウトしたもの。イラストは高柳佐知子さん（女子美の先輩です）。下は、熊井明子さんが書かれた別の雑誌のエッセイ（スペシャル版なので）を入れました。

下の３冊が旅ノート。149ページ下の開いてあるのは、オーストリア旅行のもの。上の２冊は、よく使ったロルバーンの何でもノート。女の子３人の表紙は「エッセイ教室」用ノートです。

Rollbahn
Die Propeller drehen sich.
Das Flugzeug gewinnt Höhe.
Weite Reise macht weise.
HANSHIN
Tigers
Rollbahn 2008
StadtBus
Einzelfahrt
Happy Chinese
SchafbergBahn

引っ越しや模様替えをしてもこのVIVA自分ノートたちの居場所は不変。今もへこんだ時は取り出してパラパラ眺めます。

伊東屋のノートになってからのVIVAたち。貼ってある写真は、賃貸物件に住んでいた時に受けた取材のもの。キッチンがなつかしい。

右上は初代の日記帳。ピンクハウスのもの。イラストは大橋歩さん。隣は現在の「いいこと日記」(原書房)。下は、マガジンハウス時代の「いいこと日記」。帯にペン先のペーパーウエイトが。

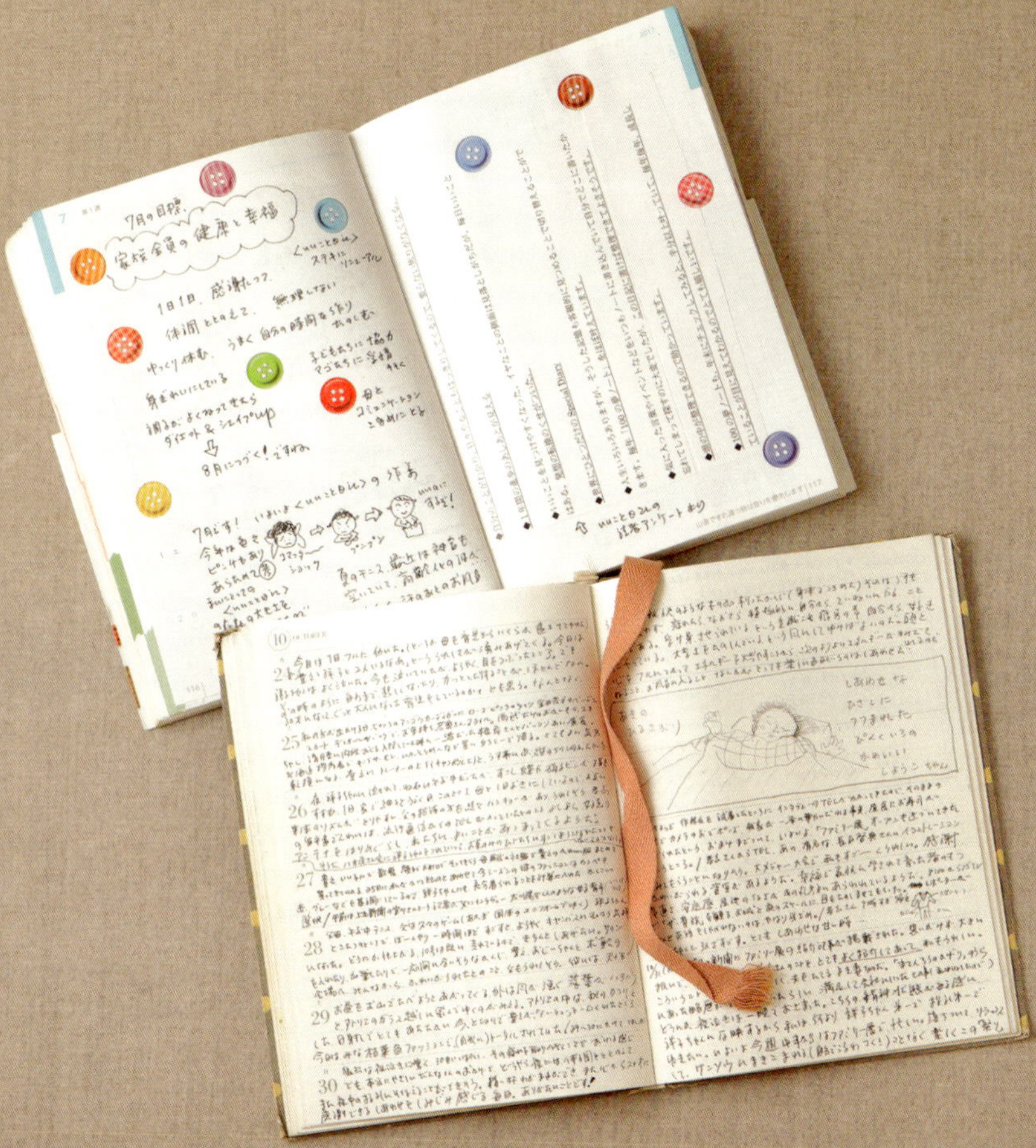

上は、今の日記帳のあるページ。ボタンシールで遊んでみました。下は初代ピンクハウス版のあるページ。ピンクの太めのスピンがオシャレです。

おわりに

母から私へ

まずは、母からもらった命に感謝。手塩にかけて育ててくれたことにも感謝。そして、老いる姿をつぶさに見せてくれたことに、今はようやく感謝できるようになりました。

さて、母自身は複雑な家庭で育ち、結婚後は核家族を望んだのでしたが、想像以上に仕事熱心だった連れ合いのおかげで、ほぼ母娘だけの生活になりました。

父から受け継いだオタク気質の私は、全然寂しくなかったけれど、本来社交的で大人数で育った母は寂しかったんじゃないかな。今なら分かります。

母は、仕事を持ちたかったんだと思います。きっと商売とか接客的なことをやりたかったに違いない。かつての宿場町にある母の実家は大きく、2階には細かく仕切られた部屋が並んでいて、昔は旅館だったようです。

母は結婚して数年でストレスから胃潰瘍になり、幼児の私はその大きな家を継いだ伯母のところに預けられました。親戚が何軒も固まっていて、子どもたちがワチャワチャいる大家族的生活は(母がいない心細さはあるものの)、幼いオジューク時代のひときわ鮮やかな思い出になっています。

病気が治った後の母は吹っ切れたようにポジティブになり、教育熱心になり、自分も習い事を沢山。お花とお茶以外にも、コーラス、懐石料理、テニスなどなど。締めに80歳でピアノを始めるという、天晴れおばあちゃんぶり。

そして、これも忘れず感謝しなければならないのは、私が結婚し出産した後も仕事をやめずに済むよう全面的にサポートしてくれたことです。

私が本を書くようになってからは、一番熱心な販促係。

実家にほど近い郵便局や病院の待合室には、「中山庸子コーナー」が出来ていてビックリ！　母の知人宅にも、たいてい私の本のコーナーがあったようで、今さらながら「恐縮です」。

一方、体裁を気にし、噂話を好み、買い物が大好きというところは、生意気・正直体質の私とは、相容れない部分ではありました。

でも、昭和4年生まれで、戦争中に思春期を過ごしたひとりの女性としては、ほぼ「夢を叶えた」幸せな人生だったのかな。

私から娘へ

息子誕生から4年目に授かった命は「ほぼ諦めてください」から始まりました。私の宝物で紹介した初代日記帳（１９８３年）の2月1日の記述です。

昨夜からだるく早めに寝たが、朝やはり少し出血があり中央病院へ。そのまま入院となる。５０１号室へ。なんだかこうなる気がしていたとおりあまり期待できない状態。90％駄目の予想。

実際には、サバサバした女性産婦人科医から「99％駄目だと思うけど、家に帰るよりゆっくりできるから、入院して」と言われていました。なのに90％と書いたのは、いくら正直ヨウコでも、ちょっと期待を加味したんでしょうね。

それが、いい意味で予想を裏切るしぶとさで、母子ともに頑張った。日記によれば、流産せずに3月12日に退院。4月の新学期から、新1年生の副担

任として復帰、そして日記は9月17日へ。

何と38週の定期検診に来たら、もうお産のため入院になってしまった。とにかくリラックスしてがんばろうと思う。軽い軽い！ 12：20といっているうちに3：23女児誕生！ すごいだろう。夕方みんながくる。うれしそう。誇らしい。しあわせなきもちだ。ちょうど孝志さんがいる時でよかった。

日記のこの部分、写真に撮って彼女の41回目の誕生日にラインしました。

「泣ける‼」「みんな勢揃いのときだったんですね」との返事の最後にニッコリマーク。人生の最初から空気が読める娘、この日は夫もいる土曜日だったんです。

本当に、産まれてきてくれてありがとう。

お山の家のロマンチックスタジオが大好きな母娘。

私から私へ

いよいよ、ラストのページになりました。書いていて、楽しかったです。

今までも楽しい執筆時間はあったけれど、プレッシャーが勝っていたかも。

今回「夢が叶った」という内容を提案された時、うーんどうなのかなぁ、「叶った」と言い切っていいのかな、としばらく悩みました。

で、結局「感謝先手必勝法」という提案を（かつての本で）したことを思い出し、よしこれで行こう！と。

実際、ひとりＱ＆ＡをＶＩＶＡ自分ノートの中でやってみたり、演者とプロデュースするふたりの自分を意識して行動したりという、自分オタクでもあるから、書き始めたらいつになくスルスルと書けました。

今、私から私へ贈りたい言葉があるとすれば、おせいさんのこれ。


人間や人生の事件、事物は素材にすぎない。

それは解釈する人の心によってどんなにでも変るのだ。

人生そのものは無味乾燥であるが、味わう人の舌によって、ちがう味が生れるのだ。

『魚は水に女は家に』より

そう、解釈や舌が大事。それさえ忘れなければ、これからも楽しい日々が送れると思うよ、ヨウコさん！

今回は、小学館の半澤敦子さん、熊谷ユリさんに、娘ともども大変お世話になりました。こんな贅沢な本を作らせてもらって、ヨウコ感謝感激です。また、私の料理や私物、室内を実際の何倍も素敵に撮ってくれた三浦英絵さん、ありがとうございました。

そして、デザイナーの詳子さん、イラストレーターの孝志さん、陰の主役かもしれない母の輝子さんに、スペシャルサンクスです。

しめくくりのページで皆さまに元気にご挨拶ができ、本当に嬉しいです。

ぜひぜひ、またお会いしましょう。

中山庸子（なかやまようこ）

エッセイスト・イラストレーター。1953年、群馬県生まれ。女子美術大学、セツ・モードセミナーを卒業。群馬県立の女子高校の美術教師を務めた後、37歳で退職。長年の夢だったイラストレーターとして活動を始める。42歳で、自身の夢をかなえてきた経験をつづった『「夢ノート」のつくりかた』を大和出版より上梓。以来、エッセイストとしても活躍を続けている。夢実現のヒントをはじめ、心地よい暮らしのための提案や時間の使い方が多くの女性の支持を集めている。著書に、各年版『書き込み式 新いいこと日記』（原書房）、『70歳を越えたらやめたい100のこと』（アスコム）などがある。

デザイン　中山詳子
本文イラスト　松本孝志・中山庸子
写真　三浦英絵
構成・編集　半澤敦子
編集　熊谷ユリ
校正　菅村 薫
販売　津山晃子
制作　木戸 礼
資材　遠山礼子
宣伝　鈴木里彩

中山庸子の夢を叶えた暮らしの手帖

2025年2月24日　初版第１刷発行

著　者　中山庸子
発行人　北川吉隆
発行所　株式会社小学館
〒101-8001東京都千代田区一ツ橋2-3-1
編　集　03-3230-9726
販　売　03-5281-3555
印刷所　大日本印刷株式会社
製本所　牧製本印刷株式会社

Printed in Japan 2025
ISBN978-4-09-389180-6